KB126919

개와 고양이에 관한
작은 세계사

일러두기

이 책의 본문에서는 반려동물이라는 단어를 사용하는 것을 원칙으로 했으나 '반려동물'이라는 단어가 처음 등장한 1983년의 국제 심포지엄 이전의 이야기에서는 부득이하게 애완동물이라는 용어를 사용했습니다.

개와 고양이에 관한 작은 세계사

애완동물에서 반려동물로,
인간의 역사와 함께한 사랑스러운 동물들의 이야기

이주은 지음

피피에

머리말

사랑스러운 그들의 흔적을 찾아서

 직업이 직업이라 그런지 저는 오래된 초상화를 들여다보기를 좋아합니다. 스쳐볼 땐 사진에 익숙한 우리와는 아주 다른 사람들 같지만, 가만히 들여다볼수록 우리와 다를 바 없는 소소하고 따뜻한 일상이 담겨 있기 때문입니다.

 1885년, 화려한 깃털 모자를 쓰고 붉은 소파에 기대어 화가를 정면으로 바라보는 여인의 초상을 보고 있노라면 무릎 위에 몸을 동그랗게 말고 잠이 들어 있는 파란 목걸이의 강아지가 눈에 들어옵니다.

 1711년, 얌전히 고양이를 품에 안고 앉아 있는 어린 소녀의 의자 옆에는 방금 전까지 고양이와 놀아준 듯, 장난감이 떨어져 있고 1618년, 8살 난 남자아이는 느긋하게 누워 있는 개 옆에 당당한 자

세로 서서는 망아지의 고삐를 쥐고 있죠.

이런 그림들을 볼 때면 왜 그 동물과 함께 그림 속에 영원히 남기로 정했을까, 하는 상상의 나래를 펼쳐보곤 합니다. 혼자 앉아 있는 모습을 그리려 했지만, 차마 잠이 든 강아지를 깨우지 못했던 걸까? 그림 그리는 동안 지루해하는 아이를 위해 고양이하고 노는 걸 허락해준 건 아닐까? 자기가 이제 다 커서 말 타는 법을 배우기 시작했다고 자랑하고 싶었던 걸까?

오늘날 우리는 사랑하는 동물의 모습을 남기기 위해 사진이나 동영상을 찍습니다. 예전에는 사진이 아닌 그림이었을 뿐, 사랑하는 동물의 모습을 남기고자 하는 열망은 예나 지금이나 다를 바가 없는 듯합니다.

역사 속에서 동물이 이름을 남기는 일은 흔치 않습니다. 동물들은 문명이 시작되기도 전부터 오늘날까지 인류의 곁에서 묵묵히 함께해왔지만 대부분 소리 없이 사라져버렸습니다. 그중 그나마 기록을 남겼던 동물도 오늘날의 역사책 속에서는 한 줄의 관심도 받지 못하고 스쳐 지나가곤 합니다.

요즘도 많이 키우는 개와 고양이부터 예나 지금이나 흔히 보기 어려운 기린과 코끼리에 이르기까지 말할 수 없어 참을 수밖에 없고, 당할 수밖에 없었던 약자 중의 약자인 동물들은 인간의 변덕에 따라 사랑을 듬뿍 받기도 하고 엄청난 고통을 받기도 하였습니다. 세상을 더욱 풍성하게 해주는 이들의 곁에서 인류는 다방면으로

발전하며 아주 느리게나마 동물을 존중하는 법을 배워나가고 있습니다.

　방대한 자료가 넘쳐나는 인간의 역사에 비해 턱없이 부족한 동물 이야기의 자료 속에서 여러분께 최대한 다양한 이야기를 들려드리고자 노력하였습니다. 하나의 챕터를 만들 수 있을 만큼 길지 않아 책에 포함되지 못하고 사라진 수많은 이야기를 생각하면 마음이 아픕니다. 언젠가는 짧지만 사랑스러운 그들의 이야기도 소개할 수 있었으면 좋겠습니다. 이 책이 동물을 사랑하는 여러분께 새로운 지식을 알리는 도구이자 주변의 동물들을 돌아보고 더욱 아껴줄 수 있는 계기가 되길 바랍니다.

　마지막으로, 원고를 쓰는 동안 늘 제 무릎 위에서 잠을 잤던 우리 집 막내, 12살 와플이에게 이 책을 바칩니다. 부디 오래오래 건강하길.

2019년 7월
이주은

차례

1. 진주 목걸이를 한 멍멍이
- 고대 이집트에서 19세기 애견 의류 산업까지, 강아지 패션의 역사

길을 걷다 보면 주인과 산책을 나온 반려견들을 많이 만나게 됩니다. 여름에는 자연 그대로의 털을 자랑하는 개들을 만나지만, 겨울에는 주인의 취향과 견종에 맞춰 다양한 옷차림을 자랑하는 개들이 많죠(간혹 개가 무슨 추위를 타느냐고 생각하는 분들도 있어 덧붙이자면 말티즈, 치와와, 그레이하운드, 여러 테리어 종 등 추위를 많이 타는 견종은 동상에 걸릴 수도 있으니 보온을 위한 편한 옷은 입혀주는 것이 좋습니다).

이제는 필수품으로 자리 잡은 목걸이와 하네스부터 개와 고양이를 위한 간편한 티셔츠며 따뜻한 스웨터, 플리스 조끼, 겨울용 점퍼, 명절에는 한복에 이르기까지, 우리나라는 반려동물 인구 1,000만 시대를 맞아 동물 의류 산업이 날이 갈수록 성장하고 있습니다.

목걸이를 한 고대 이집트의 개.

　그렇다면 인류는 언제부터 개들에게 이렇게 장식을 하고 옷을 입히기 시작했을까요? 꿀벌 모양의 옷을 입고 합성수지로 만든 날개를 팔락이며 뛰어다니는 강아지들을 보면 애견 의류가 생겨난 지 얼마 되지 않았을 것 같지만, 사실 개 장신구의 역사는 무려 기원전 3000년 전으로 거슬러 올라갑니다.

　고대 이집트 사람들은 고양이를 사랑했던 것으로 유명하지만 그렇다고 개를 키우지 않은 것은 아니었습니다. 꾸미는 것을 좋아했던 이집트 사람들은 개나 고양이에게도 다양한 장신구를 달아주었고 이는 고대 이집트 벽화에 생생하게 남아 있습니다.

　개를 위한 장신구는 널리 퍼져 있던 것으로 추측되는데, 그 예로 기원전 1401년부터 기원전 1391년까지 이집트를 통치했던 제18

이집트 무덤에서 출토된 선인장 꽃과 말들이 그려진 개목걸이.

왕조 제8대 왕인 투트모세 4세 시절 살았던 왕실 부채 관리인이자 24살쯤에 사망한 마이헐프리라는 사람의 무덤에서는 유리잔, 도자기, 화살통 2개, 화살 75개, 고기, 빵과 더불어 개목걸이 2개가 출토되기도 하였습니다.

선인장 꽃과 말들이 그려진 개목걸이에는 황동 단추가 장식되어 있고, 아이벡스(커다란 뿔이 있는 야생 염소의 근연종)와 가젤을 사냥하는 개들이 그려진 다른 목걸이에는 개의 이름인 '탄타누트'가 새겨져 있습니다. 탄타누트는 이집트에서 일반적으로 여성 이름이었기 때문에 이 개목걸이의 주인은 아마도 암컷 사냥개였을 것으로 추측됩니다. 고대 이집트에서도 개목걸이가 단순히 기능적인 역할만 하는 물건이 아니었다는 점은 출토된 개목걸이의 섬세한 장식만 보아도 확인할 수 있죠.

고대 로마인들의 멧돼지 사냥에 함께했던 사냥개. 사냥에서 목을 보호할 수 있
도록 징이 박힌 목걸이를 하고 있다.

이와 비슷한 사례로는 중국의 춘추전국 시대에 세워졌다가 기
원전 296년에 조나라에 의해 멸망한 중산국의 다섯 번째 왕인 착
왕의 능에서 출토된 개의 유골이 있습니다. 착왕릉에서는 2,300년
이 지난 지금까지도 증발하지 않고 남아 있는 술 두 병이 출토되어
커다란 관심을 끌기도 했는데요. 중산국의 발달한 기술을 보여주
는 정교하고도 화려한 가구와 장신구들이 쏟아진 이 왕릉에서는 2
마리의 개 유골도 함께 발견되었습니다. 개들의 목에는 금과 은,
터키석으로 장식된 목걸이가 걸려 있었습니다.

개들을 무척 좋아했던 착왕이 자신의 부와 권력을 자랑하며 가
장 아끼는 2마리 개에게 값비싼 목걸이를 채워주고 귀여워했던 모

양이지요. 사랑하며 키우는 동물에게 뭐든 해주고 싶은 마음은 예나 지금이나 다를 바가 없네요.

고대 로마에서는 어땠을까요? 로마인들은 개를 매우 사랑하기로 유명했는데, 키우던 개가 세상을 떠나면 무덤을 만들고 절절한 마음이 담긴 시를 묘비에 새겨두곤 했습니다. 묘비에 새겨진 글들은 천년도 더 지난 옛날 글임에도 반려동물을 키우는 사람이라면 누구나 깊이 공감할 만한 내용이라 몇 가지 가져와보았습니다.

"널 무덤으로 데려갈 때 내 눈은 눈물로 젖어 있었단다,

네가 날 떠난 것이 15년 전이었다면 덜 슬펐을까.

우리 작은 강아지, 페트리쿠스야,

이제 너는 내게 수천 번의 뽀뽀를 해주지 못하겠지.

넌 이제 내 무릎 위에 행복하게 앉아 있지 못하겠지.

슬픔 속에서 나는 너를 묻는다. 내 그늘 옆, 대리석 묘지에서 영원히 쉬렴.

너는 마치 사람처럼 현명했었지.

아, 우리는 얼마나 사랑했던 동료를 잃었는가.

귀여운 페트리쿠스야.

이제 너는 식탁으로 오지도, 먹을 것을 달라고 애교를 부리지도 못하겠지.

내가 그릇을 입에 대주면 너는 신이 나 꼬리를 치며 열심

금 화병을 넘어뜨려 눈치를 보고 있는 개. 주인의 눈치를 보는 표정과 빨간 목걸이가 눈에 띈다.

히 밥을 먹곤 했었는데……." [주1]

"말티즈였던 황소에게, 이 묘비는 몰타에서 온 하얀 개이자 유멜루스를 지키던 가장 충직한 경호견이었던 너를 위한 거란다. 네가 살아 있을 때 사람들은 널 황소라고 불렀지. 하지만 이제 네 목소리는 밤의 침묵 속에 갇혀버렸구나." [주2]

평균 체중이 2~3킬로그램 정도밖에 안 되는 말티즈가 주인을 지키겠다고 얼마나 앙칼지게 짖었으면 주변에서 '황소가 따로 없다'고 했을지 상상이 가네요.

"이 길을 지나가는 자여, 이 묘비를 발견하게 된다면 청컨대 웃지 마시오. 비록 개의 무덤이나 내 주인님이 내 위에 흙을 덮을 때 날 위해 눈물을 흘렸으니." [주3]

"헬레나, 내가 입양한 아이야, 남과 비교할 수 없을 정도로 뛰어나고 늘 찬양받을 영혼이여." [주4]

"미아야, 넌 이유 없이 짖는 일이 없었는데 이제는 너무 조용하구나." [주5]

눈물 없이는 읽을 수 없는 이 묘비들에서 고대 로마인들의 반려견을 향한 지극한 사랑이 느껴지지요.

무척 번성했다가 서기 79년 베수비우스 화산 폭발로 하루아침에 사라져버린 고대 로마 제국의 도시 폼페이에서도 주인이 특별 제작해준 목걸이를 자랑스레 차고 다녔던 개가 있었습니다. 세베리누스라는 소년의 개였던 델타는 용암과 화산재가 쏟아지던 마지막 순간까지도 꼬마 주인을 보호하다 세상을 떠났습니다. 델타

'헬레나'의 묘비. 고대 로마 사람들은 사랑하는 반려동물을 "내가 입양한 아이"라고 칭하곤 했다.

의 목걸이에는 델타가 바다에 빠질 뻔한 주인을 구해준 일, 강도를 물리쳐서 주인을 구한 일, 다이애나 여신의 땅에서 늑대에게 공격 당한 주인을 살린 일이 새겨져 있었습니다.

이후 중세 유럽에서는 경비견과 군견은 뾰족한 장식이 박힌 목걸이를, 사냥개는 가죽 목걸이를, 귀족들의 무릎에서 재롱을 부리는 개들은 값비싼 금은과 보석이 박힌 목걸이를 차고 다녔습니다. 흥미로운 것은 르네상스 시대 즈음이 되자 개를 키우는 사람이 너무 많아져서 개의 목에 그 주인만이 풀 수 있는 자물쇠를 채우기도 했다는 사실입니다. 그 덕에 개를 누가 멋대로 훔쳐 가면 개의 목에 채워진 자물쇠를 풀 수 있는 열쇠를 가진 사람이 주인이라고 주장할 수 있었죠. 주인을 만난 개의 반응만 봐도 금방 알 수 있을 것 같기도 하지만요.

그와 함께 개목걸이에 글씨가 들어가기 시작합니다. 개의 이름과 주인의 이름을 쓰는 간단한 글자부터 재미난 문구에 이르기까지, 늘어나는 개의 수에 맞춰 개를 잃어버리지 않으려는 주인들의 노력이 목걸이에서 도드라지게 되었죠.

유럽의 왕족들은 반려동물들을 호화롭게 장식하는 데 특히 공을 들였습니다. 개들은 세밀하게 장식된 밥그릇에서 고급 음식을 먹었고 원하는 것을 모두 들어주는 하인들이 있었으며 벨벳이나 실크로 만든 쿠션, 또는 아예 왕의 침대에서 늘어지게 잠을 자곤 했습니다. 그야말로 개 팔자가 상팔자로군요!

프랑스의 샤를 5세는 작은 강아지를 위해 종이 달린 은목걸이와 백합 문양을 금실로 수놓고 금으로 만든 걸쇠를 단 파란 비단 목걸이를 주문했습니다. 파란 천 위의 금색 백합은 프랑스 왕실의 상징이니 누가 보아도 왕의 개임을 알 수 있었습니다. 프랑스 왕 루이 11세의 그레이하운드는 무려 20개의 진주와 11개의 루비가 장식된 붉은 벨벳 목걸이를 하고 다녔습니다.

영국의 악명 높은 왕 헨리 8세도 개 사랑에 관해서는 뒤지지 않아서 그레이하운드 2마리를 위해 붉은 벨벳과 금실을 엮어 만든

빨간 리본을 한 강아지를 안고 있는 앙리에타, 오를레앙 공작부인(17세기).

천에 은과 금박으로 만든 뾰족한 장식을 단 목걸이와 하얀 벨벳에 진주와 은실로 장식한 목걸이를 만들어 걸어주었습니다. 왕의 개들은 튜더 왕가의 상징인 장미와 뷰포드 가문(헨리 8세의 친조모 가문)의 상징인 쇠창살 문양이 장식된 목걸이도 착용했죠. 헨리 8세의 재산 중에는 석탑에 핀 장미와 석류를 금실과 은실로 수놓은 개목걸이도 있습니다. 석탑과 석류는 헨리 8세의 첫 번째 아내였던 아라곤의 캐서린의 상징이니 왕비에게 소속된 개라는 뜻을 담고 있습니다. 이러한 목걸이들은 헨리 8세가 가장 아꼈다는 2마리의 개, 캇과 볼이 착용한 것으로 추측되는데 캇과 볼은 늘 길을 잃었다고 하니 왕의 개라는 표시가 필수였을 것입니다.

스코틀랜드의 여왕 메리는 소형견을 무척 사랑해서 수십 마리를 키웠으며, 개들에게 파란 벨벳으로 만든 귀여운 옷을 입히곤 했습니다. 개들 역시 여왕을 매우 따랐고, 훗날 메리 여왕이 참수형을 당했을 때 치마 속에 숨어 끝까지 주인의 곁에서 떠나지 않았던 한 마리는 주인이 흘린 피 속에서 꼼짝도 하지 않고 슬퍼하다 며칠 뒤에 사망했다고 전해집니다.

개들만이 반려동물로 사랑받았던 것은 아니었으니, 다양한 새와 족제비, 다람쥐 등도 호사로운 장신구를 달곤 했습니다. 프랑스의 왕비였던 바이에른의 이자부는 희귀한 새들을 은으로 만든 새장에 넣고 그 위를 고급스러운 초록빛 벨벳으로 장식했고, 다람쥐에게는 진주를 금줄로 엮은 목걸이를 걸어주기도 했죠. 고양이에

한껏 차려입고 개를 산책시키는 여인(1784년).

게도 새장을 장식한 것과 똑같은 초록 벨벳으로 푹신한 쿠션을 만들어주었다고 하는데, 과연 이자부의 고양이들은 주인님이 사준 값비싼 벨벳 쿠션을 잘 썼을지, 아니면 값비싼 쿠션은 거들떠보지도 않고 쿠션을 담아 들고 온 상자 속에서만 뒹굴거렸을지 궁금해지네요.

1745년 무렵, 옷을 입은 강아지.

　귀여운 개들을 꾸미는 데 관심이 많았던 사람들은 시간이 지남에 따라 개에게 사람과 비슷한 옷을 입히기 시작했습니다. 18세기에는 개에게 사냥이나 경비용 갑옷 이외의 장식용 옷을 입히는 것이 유행하면서 그림에도 등장하였습니다. 1833년, 훗날 영국의 빅토리아 여왕이 되는 빅토리아 공주는 당시 무척 애지중지하며 키웠던 스패니얼 강아지 대시에게 빨간 재킷과 파란 바지를 입혔다고 일기장에 쓰기도 했습니다.

　개에게 패셔너블한 옷을 입히는 것은 서서히 유행하기 시작해 19세기가 되자 애견 의류 산업으로 성장하였습니다. 물론 그때도 지금처럼 개에게 옷을 입히는 것에 대한 반대와 견종에 따라, 특히

아마조니안 드레스를 입은 여성과 재킷을 입은 강아지(1797).

짧은 털의 개들에겐 겨울철에 옷을 입히는 것이 상식이라는 주장으로 나뉘며 논란은 있었습니다.

　오늘날에도 패션, 하면 프랑스 파리를 떠올리듯이 초창기 개 패션의 선두주자 역시 파리였습니다. 유행에 뒤처지는 일은 있을 수 없는 19세기 파리에는 개 전용 옷가게들이 우후죽순으로 생겨났습니다. 주인인 귀부인의 옷차림새와 어울리는 커플룩으로 개들에게 옷을 입히는 것이 유행이었기 때문에 개를 위한 온갖 종류의 옷들이 쏟아졌죠. 단순히 옷을 한 겹만 입힌 것도 아니어서 셔츠와 모자, 부츠, 재킷, 손수건, 심지어 속옷까지 주인이 입는 것이라면 모두 입혀주었다고 합니다. 정말이지, 19세기 개들은 참 고생이 많았겠네요.

> "패셔너블한 개라면 오후 방문, 저녁, 여행, 해변을 위한 복장을 모두 갖추고 있었다. (중략) 이 시크한 개들은 해변에 갈 때면 수영을 위한 특별한 복장을 했다. 파란 케임브릭 천에 양쪽에 닻 자수가 놓인 하얀 세일러 칼라를 달고 한쪽 면에는 해변의 이름을 금실로 수놓은 옷을 입었다. 여행을 위해선 접힌 칼라가 달린 영국산 체크무늬 망토와 벨트를 착용했고 옷에는 표를 넣을 작은 주머니까지 달려 있었다. (가게 주인은) 속옷을 입히는 것도 추천했다. '얇은 베네치아 레이스로 장식된 작은 셔츠를 함께 입히면 코트 주변으로 0.5센티미터 정도 살짝 보여 포인트가 될 거예요!'" *6

이후로 계속해서 발전해온 개와 고양이를 위한 의류 산업은 오늘날에는 특별한 날 입는 귀엽고 기발한 코스프레 복장에서부터 피부가 약한 경우를 위한 자외선 차단 셔츠, 추위에 약한 개들이

로코코 시대 화가인 뒤플레시스 조제프 시프레드가 그린 「마담 프레레 데리쿠르의 초상」(1769). 온화
한 인상의 노부인이 말티즈를 안고 있는 모습이 평온하고 따뜻한 느낌을 준다.

바로크 시대 화가 피에르 고베르가 그린 두 마리 개와 함께 있는 루이 15세의 초상화.

편히 산책할 수 있도록 따뜻한 코트, 심지어 미세먼지 차단 마스크에 이르기까지 다양하게 진화하였습니다.

이처럼 고대 이집트에서부터 오늘날까지 사람들은 사랑하는 반려동물에게 다양한 이유로 옷을 입히고 장식을 달아주고 이름표와 목줄(이 둘은 필수!)을 매어주고 있습니다. 사실 동물의 편의성과 안전만을 위한다면 디자인과는 상관없이 실용적이기만 하면 되는데도 불구하고 우리는 왜 온갖 종류의 반려동물 용품을 구매하는데 아낌없이 돈을 쓰는 걸까요?

1715년부터 1774년까지 프랑스를 통치했던 루이 15세가 남긴 말에서 그 해답을 엿볼 수 있습니다. 킹 찰스 스패니얼 종이었던 필로('악동, 장난꾸러기'라는 뜻)를 매우 사랑하여 필로에게 붉은 벨벳으로 만든 침대며 다이아몬드와 금으로 장식한 목걸이 등 값진 물건을 하사하고 잘 때도 곁에 두고 함께 잤던 루이 15세는 필로에게 온갖 애정을 쏟는 이유에 대해 이렇게 말했습니다.

"필로는 세상에서 유일하게 나를 있는 그대로 사랑해주는 존재다."

2. 페르시아 왕, 이집트의 신을 던지다

– 고양이를 무기로 썼던 고대의 어느 전쟁

독자 여러분께서 어느 나라에서 어느 종의 고양이를 무릎에 올리고 이 책을 읽고 계시든, 모든 집고양이의 고향은 이집트가 있는 아프리카 대륙입니다. 모든 집고양이의 조상은 약 1만 년 전부터 인간이 길들인 아프리카들고양이기 때문이죠. 그렇게 집고양이의 조상이 등장하는 아프리카에서도 인류 역사상, 고대 이집트만큼 고양이를 사랑한 나라는 없었습니다.

고대 이집트에서는 쥐는 물론이요 무려 코브라(!)까지 잡아내는 고양이가 너무 기특해 신으로 숭상하였습니다. 고양이 얼굴에 여성의 몸을 한 신인 바스테트는 일출, 음악, 춤, 쾌락, 가족, 출산의 신이었습니다. 춤과 가족이라니 다정해 보이지만, 본래는 암사자의 얼굴을 가졌던 신인만큼 가족을 보호하기 위해 적을 무자비하게 공격하는 성향도 갖고 있습니다. 특히 죽은 자와 묘지를 보호했죠. 사람들은 고양이의 동그랗게 빛나는 눈을 보고 태양신의 쌍둥이라거나 빛에 따라 변하는 눈의 생김새가 달이 차고 기우는 것과 같다고 생각하기도 했습니다.

우아한 외모에 애교도 많고, 먹이를 주지 않아도 알아서 사냥하는 데다, 그 사냥이 인간의 곡식을 지키는 데 도움이 되기까지 하니 고양이는 이집트에서 그 위상이 날로 드높아졌습니다. 설령 실수로라도 고양이를 다치게 하거나 죽인다면 사형에 처해질 정도였죠. 기원전 1세기 무렵의 그리스 역사가인 디오도로스 시켈로스에 따르면 만약 이집트에서 누군가가 신성한 동물들, 고양이라든가 따오기 등을 살해할 경우 무조건 사형에 처했습니다. 군중은 고양이 살해자에게 손톱만큼의 자비도 보이지 않고 아주 잔인한 처벌을 요구했으며 가끔은 재판조차 치르지 않고 사형을 집행하기도 했습니다.

설령 고양이를 살해한 자가 강대한 로마 제국에서 온 군인이라해도 예외는 없었습니다. 로마 제국의 통치 아래 있었기에 이집트가 굽실거리는 상황이었던 시절의 이야기를 한번 보겠습니다. 군인의 수레바퀴에 고양이가 깔려 죽은 순간, 그걸 목격한 이집트 사람들은 극도로 분노하며 바스테트 여신의 복수를 해야 한다고 몰려들었습니다. 파라오가 보낸 관리들이 단순 교통사고였을 뿐이라고 군중을 달래기도 해보고 로마 제국이 두렵지 않냐고 설득해

사막의 모래 속에 숨어 있는 무서운 뱀조차도 꼼짝 못하게 만들었던 이집트의 성스러운 고양이.

보기도 했으나 아무 소용이 없었습니다. 다른 범죄였다면 로마 제국의 군인이라는 지위만으로 벗어날 수 있었겠지만 고양이 살해는 예외였죠. 로마 군인은 결국 역사가 디오도로스 시켈로스가 보는 앞에서 처형되었습니다.

사랑했던 고양이가 세상을 떠나면 이집트 사람들은 슬픔을 표현하기 위해 눈썹을 밀고 통곡하며 고양이가 저승으로 잘 떠날 수 있도록 사람처럼 미라로 만들어 묻어주었습니다. 고양이를 위해 사람이 쓰는 것과 같은 작은 관을 만들어주기도 했죠.

이집트 신왕국 제18왕조의 파라오였던 아멘호테프 3세의 장남인 왕세자 투트모세는 무척 젊은 나이에 사망하여 남은 기록이 거의 없지만, 그의 고양이인 타-미우의 석관은 오늘날에도 남아 있습니다(타-미우는 암고양이라는 뜻으로 고양이 울음소리를 흉내 내어 고양이를 '미우'라고 불렀다고 합니다). 석관에는 '왕세자, 상이집트와 하이집트 신관들의 관리자, 멤피스의 프타 신전 고위 신관이자 프타 신의 셈 신관의 고양이'라고 적혀 있습니다. 투트모세의 관은 아직 찾지 못했지만 적어도 그가 사랑했던 고양이를 위해 관을 짜주는 동물 애호가였음은 알 수 있네요. 투트모세 왕세자의 모습을 엿볼 수 있는 유일한 작품인 작은 석관은 프랑스 루브르박물관에 전시되어 있답니다.

하지만 때로는 사랑이 지나치면 독이 되기도 하지요. 기원전 525년, 페르시아의 왕 캄비세스 2세는 이집트를 공격하였습니다. 이집트 북동부의 가장 중요한 요새였던 펠루시움을 향해 진격하던 캄비세스 2세는 당대 최고의 무기들로 가득한 펠루시움을 보고는 잠시 멈췄습니다. 어떻게 해야 최소한의 손해를 보고 최대한의 성과를 낼 수 있을지 고민하던 캄비세스 2세는 이집트인들이 동물, 특히 고양이를 얼마나 사랑하는지에 착안해서 작전을 세웠습니다.

캄비세스 2세는 먼저 병사들을 몰래 보내서 주변에서 많은 동물을 모아 오라고 지시했습니다. 개, 따오기, 자칼, 뾰족뒤쥐, 개코원숭이, 몽구스, 고양이 등 이집트에서 신으로 섬기는 동물들이었죠. 그중 특히 고양이를 아주 많이 모아 오라고 명령했고 결과적으

고양이를 집어 던지며 펠루시움으로 전진하는 캄비세스 2세.

로 몇 천 마리의 동물을 모을 수 있었습니다. 그런 와중에 페르시아 병사들은 방패에 고양이를 그려 넣었습니다.

  자, 전투가 시작되었습니다. 고양이 한 마리만 죽여도 사형선고를 받을 수 있었던 이집트 병사들은 페르시아 병사들에게 붙잡혀 있는 동물들, 특히 고양이를 차마 죽일 수 없었습니다. 이집트 궁수들이 동물을 맞출까봐 차마 활시위를 당기지 못하고 망설이는 사이, 캄비세스 2세는 손쉽게 펠루시움을 함락시킬 수 있었습니다. 그쯤 했으면 됐을 텐데 캄비세스 2세는 패배한 이집트인들 사이로 고양이를 집어 던지며 승리를 자축했다고 해요. 이 이야기는 역사적 사실보다는 재미난 이야기를 좋아했다는 2세기 학자 폴리아이누스가 적은 내용으로, 정말로 이런 일이 있었던 건지는 의문스럽습니다. 하지만 이런 이야기가 계속해서 회자될 정도로 이집트 사람들이 고양이를 사랑한 것만은 틀림없는 사실인 것 같네요!

3. 북극곰을 사랑한 파라오
– 클레오파트라의 선조인 프톨레마이오스 2세의 덩치 큰 애완동물

이집트, 하면 파라오죠! 투탕카멘, 람세스, 스핑크스와 피라미드, 나일강과 사자. 날씨는……, 굳이 이집트 여행을 해본 적이 없더라도 무척이나 더운 나라라는 건 다들 아실 겁니다. 그렇다면 북극곰은 어떨까요? 하얗고 푹신한 털에 싸인 거대한 몸에 커다랗고 까만 눈과 코(심지어 피부도 까맣습니다). 북극의 빙하 위를 유유자적 걸어가는 무시무시하게 귀여운 북극곰이 사는 곳은 너무 추워서 가장 두툼한 겨울옷을 입어도 벌벌 떨 것이 분명합니다. 그렇기에 북극의 북극곰과 이집트의 파라오가 만날 일은 없었을 것 같죠. 하지만 이집트의 어느 파라오가 가장 사랑했던 애완동물은 바로 북극곰이었답니다. 이게 도대체 어떻게 된 일인지 알아볼까요.

옛날옛날 아주 먼 옛날, 때는 기원전 308년이었습니다. 이집트

동물과 사냥 그림을 많이 그린 독일의 화가 크리스티안 빌헬름 케러의 「북극곰」(1820).

프톨레마이오스 왕조의 제2대 왕이 될 프톨레마이오스가 태어났죠(아버지와 아들과 왕조의 이름이 전부 같아서 헷갈리시겠지만 금방 넘어갈게요! 심지어 손자 이름도 같지만, 손자 얘기는 안 할테니 걱정 마세요!).

　프톨레마이오스의 아버지인 프톨레마이오스 1세는 그 유명한 알렉산더 대왕 휘하의 장군이자 최측근 중 하나로 알렉산더 대왕이 사망한 후 이집트의 왕이 되었습니다. 프톨레마이오스 1세는 알렉산더 대왕의 이복형제라는 소문이 돌았는데, 그게 사실이든 아니든 그는 알렉산더 대왕을 매우 찬양해서 사실상 신격화하였습니다. 프톨레마이오스 1세는 오늘날에는 사라진 알렉산드리아

도서관을 건립한 인물이며 그 유명한 클레오파트라는 프톨레마이오스 1세가 만든 왕조의 마지막 왕이 됩니다.

아버지가 사망한 뒤, 왕위에 오른 프톨레마이오스 2세는 왕조의 전성기를 이끌고 제1차 시리아 전쟁을 통해 시리아와 소아시아를 평정한 뛰어난 왕으로 거듭났습니다. 헬레니즘을 꽃피운 아버지를 따라 아들도 학문을 발전시키는 데 공을 들였고 오늘날에는 사라진 알렉산드리아의 파로스 등대도 완공했죠.

예로부터 권력자들은 희귀한 것이라면 물건이든 동물이든 심지어 사람도 가리지 않고 모으곤 했습니다. 특히 본 적이 없는 특이한 동물이나 다루기 힘든 맹수가 인기가 높았죠. 기원전 270년 어느 날, 프톨레마이오스 2세는 알렉산더 대왕의 인도 정벌을 기념하며 야생동물과 인간을 인도와 남아프리카에서 잔뜩 데려왔습니다. 일단 에티오피아에서 온 시종들은 무려 600여 개의 코끼리 상아를 짊어지고 행진하며 파라오의 용맹함과 부를 자랑했습니다. 그리고 그 뒤를 96마리의 코끼리, 300마리의 야생산양(사이가 산양, 오릭스 영양 등), 60마리의 염소, 화려한 갑옷을 입은 16마리의 타조, 24마리의 사자, 14마리의 표범, 16마리의 치타, 그리고 웅장한 크기의 새하얀 북극곰이 따랐죠.

프톨레마이오스 2세는 알렉산드리아에 아주 커다란 동물원을 갖고 있는 것으로도 유명했는데, 이 동물원에는 침팬지나 사자 등은 물론, 사람을 잡아먹을 정도로 커다란 뱀도 있었습니다. 동물원

북극곰을 사랑한 파라오, 프톨레마이오스 2세의 흉상.

의 동물들은 당시 기준으로 세심한 관리를 받으며 지내다가 파라오의 권력을 보여줄 필요성이 있을 때면 파라오의 앞뒤에서 행진하기도 했습니다.

이 동물원은 프톨레마이오스 2세의 후손 대대로 아주 소중히 물려 내려갔습니다. 기원전 46년에 카이사르가 유럽 역사상 최초로 기린을 데리고 로마에 가기도 했는데 이 기린이 클레오파트라가 물려받은 이 동물원에서 나온 선물이었을 것으로 추측하기도 합니다.

설마 북극곰이 정말 아프리카까지 갔을까요? 그저 하얗게 태어난 알비노 곰이 아니었을까 싶기도 하지만 사실 오늘날보다 더 남쪽까지 내려와 활동했다는 북극곰은 고대에 그리 보기 힘든 동물은 아니었다고 합니다. 훗날 로마의 네로 황제도 콜로세움에서 북극곰과 검투사의 싸움을 붙이기도 하고, 경기장에 물을 채워놓고 북극곰이 바다표범을 잡는 모습을 구경하기도 했다고 해요. 그러니 이집트의 파라오에게도 무척 아끼는 북극곰 한 마리쯤 있었을 수도 있겠죠?

4. 파리를 위한 장례식

– 위대한 시인 베르길리우스에 얽힌 믿거나 말거나 해프닝

푸블리우스 베르길리우스 마로(기원전 70년~기원전 19년). 고대 로마 최고의 시인입니다. 단테의 『신곡』에서 지옥과 연옥의 안내자로 등장하는 베르길리우스는 라틴어에서 비롯된 언어를 쓰는 모든 국가의 문학에 엄청난 영향을 미쳤습니다. 라틴어를 극한으로 활용했으며 시인으로서 기교가 완벽하다는 평을 들은 천재로 『전원시』, 『농경시』, 미완성인 『아이네이스』, 이 세 작품으로 유명하답니다.

베르길리우스는 『아이네이스』를 완성하기 전에 친구에게 자신이 죽거든 원고를 불태워버리라고 부탁하기도 했는데요. 그가 여행 도중 열병에 걸려 정말로 완성하기 전에 사망하자, 원고가 불에 타지 않도록 지켜낸 사람은 다름 아닌 로마의 황제 아우구스투스

아우구스투스 황제와 그의 누나 옥타비아, 황비 리비아에게 『아이네이스』를 읽어주는 베르길리우스.

였습니다. 불에 태워버리기에는 너무나 훌륭한 작품이라고 생각한 황제 덕분에 『아이네이스』는 한 줌의 재가 되는 신세를 겨우 면한 셈이죠.

그런 베르길리우스에 관한 우스운 이야기 하나가 전해 내려오고 있는데요. 다만 이야기를 시작하기 전에 알아야 할 것은, 이 이야기가 그저 떠돌아다니는 소문일 뿐 진짜일 가능성은 거의 없으며 베르길리우스가 워낙 대단한 인물이라 그에 대한 과장되고 말도 안 되는 소문도 많다는 사실입니다. '사람이 유명하면 별의별 소문이 다 나는구나!' 라고만 생각하고 가볍게 읽어주세요!

어느 날, 로마 정부에서는 에스퀼리노 언덕에 있는 베르길리우스의 저택에 엄청난 세금을 매기려고 했습니다. 실제로 베르길리우스 살아생전에 로마 정부는 부유한 이들의 소유지에 많은 세금을 매기거나 땅을 빼앗아 퇴역 군인들에게 주곤 했었거든요. 하지만 위대한 시인도 세금을 많이 내기는 싫었던 모양인지, 베르길리우스는 머리를 열심히 굴려 잔꾀를 생각해냈습니다. 그는 갑자기 통곡하며 장례식을 준비하기 시작했죠. 누구의 장례식이었느냐고요? 바로 집파리의 장례식이었습니다.

눈물을 쏟던 베르길리우스는 오늘 죽은 이 파리는 그가 온 마음을 다해 너무나 사랑했던 애완 파리라며 성대한 장례식을 준비하라 일렀습니다. 그렇게 그는 현재 가치로 약 8,000만 원의 돈을 들여 아주 프로페셔널하게 울어줄 전문 추모객들을 고용하고, 음식을 만들고, 유명인들을 모두 부르고, 악단에게 장송곡을 연주하도록 했습니다. 불쌍한 파리가 화려한 관에 들어가 땅에 묻히는 동안 베르길리우스는 구슬픈 시를 읊었고 전문 추모객들은 가지 말라고 울부짖고 눈물을 쏟아냈으며 사람들은 파리가 저승 가는 길에 외롭지 않도록 꽃을 놓았습니다. 장례식 후에 베르길리우스는 그 자리에 커다란 묘비가 세워진 웅장한 무덤을 만들었습니다.

국가에 내야 할 세금과 한낱 파리의 장례식이 도대체 무슨 관계였을까요? 당시 로마에는 토지에 무덤이 포함되어 있다면 나라에서 빼앗을 수 없다는 법이 있었습니다. 즉, 파리의 무덤도 엄연히 무덤이니 베르길리우스는 저택도 땅도 뺏기지 않고 세금도 내지 않았다는 행복한 결말로 이야기는 끝이 납니다. 거기에 덧붙이자면 그게 고마웠던 베르길리우스는 나폴리 입구에 개구리만큼 커다란 파리 동상을 만들어 세워두었고, 그 동상이 있었던 8년 동안에는 그 어떤 파리도 나폴리에 들어오지 못했다고 합니다. 나폴리를 공격하려 했던 군대는 파리 떼에 뒤덮여 고통받았다는 이야기도 있죠.

다만, 베르길리우스는 살아생전에도 위대한 시인으로 칭송받았으니 이런 재밌고도 흥미로운 일이 정말 일어났더라면 당대 사람들의 기록에 남아 있을 텐데, 문헌에는 이런 내용이 전혀 없습니다. 이 소문은 한때 베르길리우스가 젊은 시절 쓴 시라고 주장되기도 했으나 현대에는 베르길리우스가 쓰지 않았다고 보는 어떤 시에서 비롯된 것으로 추측됩니다.

「각다귀」라는 이 시의 내용은 한 양치기 소년이 졸다가 거대한 뱀에게 공격당하기 직전에 눈꺼풀을 벌레에게 물려서 깨어납니다. 자기를 문 벌레를 손으로 찰싹 내리쳐 죽인 목동은 눈앞에 커다란 뱀이 있는 것을 보고 깜짝 놀랐죠. 뱀을 죽이고 집에 온 목동은 꿈 속에서 은혜를 죽임으로 갚느냐고 화를 내는 각다귀를 만나고, 결국 각다귀를 위해 묘를 세워준다는 내용입니다. 어디서 소문이 시작되었을 만한지 느껴지죠? 이 소문 덕분에 중세 유럽 사람들은 베르길리우스를 두고 파리를 조종하는 흑마법사라느니, 시체를 마음대로 부리는 네크로맨서라느니 하는 말을 하기도 했습니다. 하지만 소문은 소문일 뿐이었고, 위대한 시인의 명성에는 한 점 흠결도 남기지 못했답니다!

5. 재투성이 고양이, 피투성이 고양이
– 성경 속 악마로 추락한 중세 고양이 잔혹사

　바야흐로 고양이 전성시대입니다. 가랑비에 옷 젖듯 조금씩 그 매끈한 몸과 말랑말랑한 핑크빛 발바닥으로 우리를 유혹해온 고양이는 이제 동서양을 아울러 그야말로 대세로 올라섰습니다. 털 공장이라도 돌아가는 듯 24시간 뿜어내는 털도, 세련된 외모와는 달리 넘쳐나는 멍충미에도 고양이의 팬들은 우리나라에서는 '집사', 독일에서는 '캔따개'를 자처하며 고양이의 통통한 발짓 한 번에 쓰러지곤 합니다.

　하지만 고양이가 이렇게 사랑받은 것은 얼마 되지 않은 일입니다. 얼마 전까지만 해도 이제는 익숙해진 길고양이라는 말 대신 도둑고양이라는 말을 썼었고, 검은 고양이는 불길하다는 생각이 팽배했죠. 개는 모두가 키웠지만, 고양이는 마녀가 키우는 것이었습

우스꽝스럽게 그려진 고양이의 얼굴이 지쳐 보인다.

니다. 분명 고대 이집트에서는 고양이를 숭상했다는데, 그 사이에 무슨 일이 있었기에 고양이를 이렇게 싫어하는 문화가 생겨났던 것일까요? 중세 유럽에서 고양이가 어떤 취급을 받았는지 한번 알아보도록 하겠습니다.

　농경 사회에 접어들면서 인류는 곡식을 오랫동안 저장하는 방법에 대해 고민해왔습니다. 아무리 그늘지고 건조한 곳에 잘 저장

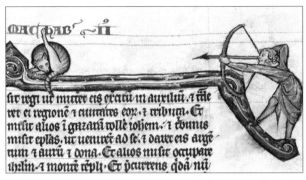

엉덩이까지 꼼꼼하게 핥았던 중세의 고양이. 고양이가 몸을 핥으면 비가 온다는 속설이 있었다.

을 해도 순식간에 몰려든 쥐들이 몰래 먹어대는 통에 골머리를 썩고 있었죠. 그러던 중 고양이가 쥐의 천적이라는 것을 알게 된 사람들은 고양이를 집으로 데려와 키우기 시작했고, 앞에서도 이야기했듯이 고양이는 고대 이집트에서는 신의 분신 대접을 받았습니다. 이집트로부터 고양이를 집에서 키우는 문화를 익힌 로마 제국 사람들은 고양이의 도도하고 독립적인 성향을 찬양했고, 그렇게 고양이를 향한 사랑은 전 유럽으로 퍼져나갔습니다.

그러나 중세 유럽에 들어서자 오히려 그런 독립적인 면 때문에 고양이는 이상한 존재로 취급받게 되었습니다. 분명 성경에서는 인간이 모든 동물의 위에 있다 말하고 있고, 개는 그에 적합하게 인간에게 충성하는데 어째서 고양이만은 아무리 먹이고 챙겨줘도 마음이 내키지 않으면 주인이 불러도 오지 않고, 안아주는 것도 싫

쥐를 잡고 새를 구경하고 몸을 둥글게 말고 잠을 자는 고양이의 일상.

다고 하는 것일까? 게다가 고양이는 사냥법도 특이했습니다. 남들
다 자는 한밤중에 잠을 안 자고 활동하며, 단숨에 사냥감을 물어
죽이고 먹으면 될 것을 뒤로 슬그머니 다가가 잡은 뒤 고통스럽게
괴롭히며 즐긴다고 생각했죠. '인간에게 복종하지 않고, 밤에 싸
돌아다니며, 약자의 고통을 즐기다니, 그야말로 악마 그 자체다!'
라는 생각이 중세 유럽에 퍼져나가기 시작했습니다. 고대 이집트
의 신에서 성경 속 악마로의 추락은 고양이들에게는 악몽의 시작
이었죠.

> "악마는 죄인을 가지고 놀곤 한다. 마치 고양이가 생쥐를
> 갖고 노는 것처럼."
>
> — 윌리엄 캑스턴(근대 인쇄술의 아버지) [주7]

고양이, 쥐, 올빼미, 개와 함께 있는 세 마녀.

　고양이를 옆에서 보신 적이 있나요? 고양이의 눈은 사람이나 개의 눈과는 정말 다릅니다. 마치 흔들면 눈이 내리는 스노우 글로브처럼 투명하고 빛에 따라 동공의 크기가 눈에 띄게 달라지죠. 하지만 독특해서 아름다운, 고대 이집트에서는 태양신의 쌍둥이라는 소리를 듣게 했던 고양이의 눈도 고양이를 악마와 연결시키는 증거가 되었습니다. 악마가 아니라면 눈이 그렇게 빛날 일도 없을 테니까요!

　이런 생각 때문에 중세 유럽 사람들은 악마는 마녀와 이교도들을 만날 때 검은 고양이로 변신해서 나타나며, 이교도들은 고양이

검은 고양이와 마녀.

로 변한 악마의 엉덩이에 키스하고 마녀들은 악마의 숭배자로서
악마처럼 고양이로 변신할 수 있다고 믿었습니다. 12세기 저술가
인 월터 맵이 1182년에 적은 글은 이런 악마 숭배자들의 집회소와
악마의 변신을 묘사한 초기작입니다.

 "밤이 저물어 성문과 문과 창문이 모두 닫힌 뒤, (악마 숭
 배자들) 집회소에 한데 모여 조용히 기다리고 있으면 중앙
 에 있는 밧줄을 따라 거대한 크기의 고양이가 내려온다. 그
 것이 나타나면 (악마 숭배자들은) 불을 끈다. 그들은 찬송가
 를 부르거나 중얼거리지 않고 이를 악문 채 음을 흥얼거리고
 헐떡이며 그들의 주인이 나타난 곳으로 더듬더듬 걸어간다.

중세의 체셔 고양이. 식빵처럼 몸을 말고 앉아 쉬는 모습은 예나 지금이나 고양이의 상징이었던 모양이다.

악마를 찾아내면 그들은 악마에게 키스를 한다. 키스가 거듭될수록 광분에 휩싸인 이들은 더더욱 내밀한 곳으로 향한다. 어떤 이들은 발에, 더 많은 이들은 꼬리 아래에, 대부분은 생식기에." 주8

상황이 이렇다보니 사람들은 고양이를 괴롭히거나 고문하는 데 전혀 문제의식을 느끼지 못했습니다. 문제의식은커녕 마녀와 고양이가 함께하는 존재이며 마녀는 고양이에게 마녀의 피를 먹이고 고양이는 마녀가 시키는 대로 하거나 마녀 자체가 변신한 것이라는 믿음만 갈수록 키졌습니다. '내가 돼지우리에 고양이가 있기

광기에 휩싸였던 중세의 마녀사냥에서는 고양이도 자유로울 수 없었다.

에 그 고양이의 오른쪽 뒷다리를 곡괭이로 후려쳤더니, 저쪽 오솔길에 혼자 사는 그 수상한 여자가 다음 날 오른쪽 다리를 절고 다니더라! 마녀가 고양이로 변신했던 것이 틀림없어!' 라든지, '얼마 전에 숲의 노파한테 비키라고 욕을 했는데, 얼마 뒤에 웬 고양이가 우리 집 소 등 위에 앉아 있더라. 그 소는 다음 날 갑자기 피를 토하고 죽었어. 마녀가 저주를 내린 거야!' 같은 소문이 무성하여 고양이는 이른바 '마녀'와 함께 배척당했습니다.

  이 모든 상황은 그레고리 9세 교황이 1233년 6월 13일에 낸 교서로 인해 더더욱 악화되었습니다. 그레고리 9세 교황은 이 교서를 통해 악마 숭배자들에게 철퇴를 내려야 함을 강력하게 주장하며 이를 위해 수단과 방법을 가리지 말 것을 강조하였습니다. 당시 마르부르크의 콘라드 종교재판관은 고문을 통해 악마 숭배자들을 몇 명 찾아낸 참이었습니다. 사람들이 공포에 질려 털어놓은 악마

'악마 숭배자의 뿌리를 뽑아버리라' 는 교서를 내림으로써 역사 속에 '고양이 탄압자' 로 이름을 남기게 된 교황 그레고리 9세.

루시퍼와 검은 고양이의 이야기를 보고받은 그레고리 9세 교황은 당시 독일 주교들에게 마르부르크의 콘라드가 필요한 것이 있다면 모두 내어주라 하였고, 이 끔찍한 악마 숭배자들의 뿌리를 뽑아버리라 명령하였죠. 그렇게 악명 높은 마녀 사냥과 더불어 고양이 학살이 시작되었습니다.

"작은 개 정도 크기의 검은 고양이가 꼬리를 뻣뻣하게 세우고 모임에 있는 동상을 따라 거꾸로 내려온다. 청원자는 고양이의 엉덩이에 키스하고 악마 숭배 모임의 지도자가 그 다음, 그리고 그 뒤에 이 영예로운 일을 할 자격이 있는 이들이 뒤를 잇는다. 완벽하지 않아 자격이 없는 자들은 지도자로부터 평화의 말만 듣는다. 그 후에는 각자 자리에 앉아 노래를 부르고 차례대로 고양이를 마주한다. 지도자가 '우리를 구하소서'라고 고양이에게 말하면 다음 사람이 이를 따라 한다. 그 자리에 있는 모든 이가 세 번 말한 뒤에 '우리가 주인님을 압니다'라고 한 후, '당신에게 복종해야 합니다'라고 네 번 말한다." [주9]

    이 교서로 인해 정확히 몇 마리의 고양이가 죽었는지는 알 수 없지만 이로 인해 고양이는 악마의 하수인이라는 생각은 더더욱 굳건해졌고 이는 곧 저주를 풀려면 고양이를 고문하거나 죽이면 된다는 생각으로 연결되었습니다. 그리고 고양이를 죽이는 이 끔찍한 '장난'은 전 유럽에서 사람들이 일상적으로 즐기는 놀이가 되었죠.

    벨기에 서부의 도시인 이프레에서는 오늘날에도 고양이 축제인 카텐스투트(Kattenstoet)가 열립니다. 현대에 와서는 고양이 퍼레이드, 고양이 전설 이야기하기, 고양이 분장 등을 하며 고양이를 사랑하는 사람들이 즐기고 노는 축제이지만 시작은 그리 훈훈하지 않았습니다. 초기부터 1817년까지 카텐스투트는 마을 중앙에 있는 종탑 꼭대기에서 살아 있는 고양이를 집어던지는 것으로 시작되었고(오늘날에는 종탑 꼭대기에서 고양이 인형을 던집니다) 고양이를 한데 모아 불사르기도 했습니다.

    스칸디나비아 지역, 특히 덴마크에서는 사순절 앞 일요일에 파

악마는 죄인을 가지고 놀곤 한다. 마치 고양이가 생쥐를 갖고 노는 것처럼.

스텔라운(Fastelavn)이라는 축제를 벌입니다. 오늘날에는 아이들이 귀여운 분장을 하고 사탕을 받으러 다닌다는 점에서 핼러윈 비슷한 날이지만 과거에 이날은 봄이 시작되는 날로, 모든 악은 죽어야 하는 날이었습니다. 말하자면 모든 고양이, 특히 검은 고양이들이 몰매를 맞고 집단학살되는 날이었죠.

이날이 되면 검은 고양이를 붙잡아 나무에 매달린 통에 넣고는 사람들은 줄을 서서 통에 대고 몽둥이를 휘둘러댔습니다. 통 안에서 고양이들은 얼마나 무서워했을까요. 온 가족이 참여했던 이 '놀이'는 통에 구멍이 나서 고양이가 달아날 때까지 계속되었습니다. 처음으로 구멍을 낸 사람은 '고양이 여왕', 통을 완전히 부순 사람은 '고양이 왕'의 칭호를 받았으며 공포에 질린 고양이가

파스텔라운에 통을 치려고 기다리는 사람들(맨 위)과 황급히 달아나는 고양이(위).

황급히 달아나면 주변을 둘러싼 사람들은 고양이를 쫓아가 죽을 때까지 폭행하였습니다. 다행스럽게도 이 전통은 이제는 통에 검은 고양이 그림만 그려넣을 뿐, 안에는 사탕을 가득 채운 형태로 바뀌었습니다.

이처럼 고양이를 통에 넣어 괴롭히는 일은 다른 지역에서도 흔히 벌어졌습니다. 특히 스코틀랜드에서도 거의 비슷한 형태로 치러졌는데, 고양이와 함께 재를 집어넣어 고양이가 달아날 때가 되면 눈이며 귀 등 온몸에 재를 뒤집어쓴 채였다고 합니다.

중세 사람들은 마법이 깃든 물건을 태우면 행운이 찾아온다고 생각했기 때문에 고양이를 산 채로 태우는 일도 잦았습니다. 프랑스에서는 이처럼 고양이를 태우는 일이 점차 늘어나 16세기에 들어서서는 한여름 축제로 진행되었습니다. 축제에 쓸 고양이를 잡기 위해 사람들은 달아나는 고양이를 몽둥이나 망치로 후려치고 뼈를 부수며 잡아댔습니다. 마을 광장에 캠프파이어를 하듯 장작을 모아두고 고양이들을 넣은 자루를 공중에 매단 다음, 그 밑에 불을 지폈습니다. 불길이 점차 거세지면 자루가 뜨거워지면서 고양이들은 자루 안에서 벗어나려 버둥거렸고 결국 자루의 밑바닥이 불에 타서 구멍이 나면 고양이들은 불길 속으로 떨어져 비명 속에 죽어갔죠. 그걸 지켜보는 사람들은 고양이의 비명과 악단의 연주를 한데 즐겼습니다.

그 밖에도 고양이를 철창에 넣고 매달아 불 위에 올려 죽이는가

하면 화형시키듯 장대에 묶어 태우기도 했습니다. 1765년에 금지되기 전까지 이처럼 온갖 방법으로 고양이를 불태워 죽이는 일은 축제에서 환호성을 지르던 평민부터 고양이가 불타는 것을 보며 춤을 추던 루이 14세에 이르기까지 모두가 즐기는 일이었고 불에 새까맣게 타버린 고양이의 사체는 행운을 가져오는 기념품이었습니다.

굳이 축제가 아니어도 고양이 괴롭히기는 계속되었습니다. 집에서 고양이를 애완동물로 키우기 위해서는 우선 악마를 몰아내야 한다며 새끼 고양이의 귀를 자르거나 다리 하나를 부러트리는 등 고양이를 불구로 만들었고, 집을 지을 때는 악을 몰아내기 위한 제물로 살아 있는 고양이를 벽 안에 집어넣고 공사를 마무리했습니다. 현대에도 중세 건축물을 보수하거나 철거할 때면 미라화한 고양이의 사체가 벽 안에서 발견되곤 합니다.

젊은 남자들은 재미를 위해 고양이 박치기 놀이를 했습니다. 고양이를 기둥에 산 채로 못 박아두고는 머리를 박박 민 남자들이 손은 뒤로 하고 무릎을 꿇은 채로 기둥에 못 박힌 고양이에게 박치기를 하는 '놀이'였습니다. 고통에 몸부림치는 고양이는 박치기를 해대는 남자들을 막으려 발톱으로 할퀴었고, 이 놀이에서 승리하려면 최대한 적게 할큄을 당하면서 고양이를 죽이는 데 성공해야 했습니다. 끝나고 나면 다들 고양이의 피를 뒤집어 쓴 모습이 되었다고 하니 상상만 해도 끔찍하죠.

그런 와중에 그렇잖아도 고통받는 고양이들에게 더욱 괴로운 오명이 한 겹 더 씌워졌으니, 바로 그들이 무시무시한 전염병을 불러온다는 것이었습니다. 흑사병이 창궐하여 공포에 떨고 있는 사람들에게 욕할 대상, 죽일 수 있는 대상이 정해지자 사람들은 무자비하게 주변의 고양이들을 학살했습니다. 그렇게 아직 흑사병이 번지지도 않은 장소에서도 몇 천 마리의 고양이가 죽어나가는 동안 흑사병 병균을 가진 벼룩은 쥐의 등에 붙어서 멀리멀리 이동했죠. 이런 점 때문에 몇몇 학자들은 쥐를 죽일 길고양이들이 거의 사라진 세상에서 흑사병이 더욱 맹위를 떨칠 수 있었다고 주장하기도 합니다.

그나마 평온하게 살았던 고양이들은 귀족과 부르주아 계층의 부인들에게 사랑과 보호를 받았던 고양이들뿐이었습니다. 하지만 그런 고양이도 다음 이야기에서 볼 수 있듯이 마냥 안전하지만은 않았습니다.

6. 마님이 사랑한 회색 고양이의 죽음
— 18세기 프랑스에서 일어난 '고양이 대학살' 사건

주인마님은 라그리즈를 아꼈습니다. 온몸이 회색빛에 새초롬한 눈매를 한 그 고양이는 주인마님의 품에 안겨 온갖 예쁨을 받았죠. 요리사가 뒷주머니를 챙기느라 주인 부부가 먹고 남은 식재료를 빼돌린 탓에 일꾼들은 쓰레기나 다름없는 음식을 먹을 때, 주인마님의 고양이는 주인어른의 식탁에서 맛있는 고기를 얻어먹었고 일꾼들이 뾰족한 지푸라기 침대나 딱딱한 돌바닥에서 뒤척이다 동도 트기 전부터 일어나 들판에 나가 일을 할 때 고양이는 주인어른의 푹신한 침대에서 늘어져라 잠을 잤습니다. 주인 부부에게 있어 고양이는 일꾼들보다 귀했고, 일꾼들에게 고양이는 그야말로 상전이었습니다.

오늘날의 프랑스라 하면 여름이면 한 달씩이나 휴가를 가고 툭

많은 고양이 그림을 그린 19세기 후반의 화가 쥘 구스타브 르로이의 「장난 치는 새끼 고양이」. 장난꾸러기 새끼 고양이들의 몸짓을 생생하게 포착했다.

하면 파업을 하는, 노동자의 권리와 복지가 보장된 나라라는 이미지가 강하지만, 1730년대의 프랑스 일꾼들은 한 달 휴가는커녕 하루 쉬기도 쉽지 않았습니다. 자크 뱅상의 인쇄소에서 일했던 일꾼들은 식사도 제대로 하지 못했고 잠도 제대로 잘 수 없었습니다. 수면과 식사는 배설과 더불어 인간의 3대 욕구에 들어갈 정도로 생존에 중요하기에 이들의 삶의 질은 바닥을 치고 있었죠. 역한 냄새가 나는 오래된 고기에 시들한 채소, 딱딱한 빵 등 먹거리가 부실하더라도 잠이라도 푹 잘 수 있다면 그나마 견딜 수 있었을 텐데 문제는 수면 시간도, 수면의 질도 나빴다는 것이었습니다.

　원인은 바로 고양이였죠. 새벽 동 틀 때부터 시작되어 해질녘까지 이어진 고된 일과를 마치고 겨우겨우 피곤한 몸을 뉘일라치면 발정 난 고양이들이 창문 밖에서 쉬지 않고 울어댔던 것입니다. 두어 명이 나가서 고양이를 쫓아내는 것도 잠시, 고양이들은 다시 또 울어대곤 했죠. 이대로는 사는 것이 아닌 것 같아 속이 부글부글 끓었던 일꾼들 중 몇 사람은 이 분노를 주인어른과 주인마님이 아끼는 고양이들에게 돌렸습니다.

　문화사회학자인 로버트 단턴의 『고양이 대학살』을 통해 알려진 이 일화에는 자크 뱅상의 인쇄소에서 조수로 일했던 일꾼 제롬과 르발리가 등장합니다. 르발리는 혼자 당할 수는 없다고 생각했는지 주인 부부가 자는 방 창가 위 지붕으로 올라가 며칠 동안 밤새도록 고양이의 울부짖음을 흉내 냈습니다. 대단한 끈기죠. 결국 며칠동안 한숨도 자지 못한 주인 부부는 일꾼들에게 당장 고양이들을 없애버리라고 명령했습니다.

　그렇게 훗날 '고양이 대학살'로 알려진 사건이 시작되었습니다. 제대로 먹지도, 자지도 못하고 죽어라 일만 하며 스트레스로 폭발 직전이었던 일꾼들은 신이 나서 나무 몽둥이와 쇠막대를 들

질 구스타브 르로이의 「버찌 바구니 안의 새끼 고양이들」.

고 길거리에서 눈에 띄는 고양이란 고양이는 죄다 잡아 죽이기 시
작했습니다. 주인마님이 애지중지하던 라그리즈도 예외는 아니
었죠. 공포에 질린 고양이들이 사방팔방으로 도망가기 시작했지
만 안쓰럽게도 사람의 두뇌를 이기기는 어려웠습니다. 결국 온몸
의 뼈가 부러지는 등 중상을 입은 고양이들은 포대에 담겨 광장으
로 끌려왔고, 우리가 이전 글에서 본 것과 같이 마치 축제를 하듯

낄낄거리는 사람들의 웃음 속에 고양이들은 밧줄에 매달려 처형
되었습니다.

> "터져 나오는 웃음소리를 듣고 주인마님이 걸어 나왔다.
> 밧줄에 매달려 대롱거리고 있는 피투성이 고양이를 본 순간
> 마님은 비명을 질렀다. 그리곤 곧 저 고양이가 라그리즈일
> 수도 있다는 사실을 깨달았다. 결코 아닙니다. 일꾼들은 마
> 님을 안심시켰다. 주인댁에 대한 존경심이 가득한 자신들이
> 그런 짓을 할 리가 없다고 했다. 그 순간 주인어른이 나타났
> 다. 그는 아무도 일을 하고 있지 않다는 데 분노했고 옆에서
> 그의 아내는 이들이 더 심각한 불복종 행위를 하고 있음을
> 설명하려 했다. 그리곤 주인 부부는 그 자리를 피했다. 일꾼
> 들을 '기쁨', '난동', '웃음'으로 좋아서 어쩔 줄 모르는 상태
> 로 내버려둔 채." [주10]

아무 죄 없는 고양이들의 처절한 발버둥과 무의미한 죽음은 이
들에게는 웃음거리였습니다. 사랑하는 고양이가 죽은 것을 보고
내지른 주인마님의 비명소리와 눈물은 생각날수록 신이 나는 조
롱거리였죠. 고양이 대학살 이후 일꾼들은 당시 이야기를 수십 번
넘게 반복하며 농담거리로 재생산했고, 아무도 주인에 대해 말하
지 않았으나 그 농담은 결국 주인에 대한 불만을 웃음으로 풀어내

19세기 영국의 화가이자 일러스트레이터였던 호레이쇼 헨리 코울더리의 「달갑지 않은 놀이친구」.

는 셈이었습니다.

일꾼들이 이런 학살을 벌이고 이를 농담거리로 삼은 것은 그들의 천성이 유달리 잔인했다기보다는 그것이 그 시절의 문화였으며, 동물을 바라보는 시각 또한 오늘날과 전혀 달랐기 때문입니다. 당시 일꾼들의 저임금과 열악한 노동 환경에 대한 저항감도 한몫했을 것입니다.

보호소에 있던 아기 고양이를 임시 보호했던 적이 있었습니다. 새로운 집에 도착해 모든 것이 낯설었을 고양이는 옷장 밑으로 숨어 들어가 나오지 않았죠. 그 후 몇 주 동안, 저는 나지막이 책을 읽어주고, 슬쩍 간식을 주고, 곁을 내어주며 신뢰를 주려 노력했습니다. 결국 3주 후에야 이 겁 많던 아기 고양이는 자고 있는 제 옆으로 와 얼굴을 맞대고 잠을 자고, 꾹꾹이를 하고 제 뒤를 졸졸 따라다니기 시작했죠. 원고 작업을 할 때면 가슴팍 위에 올라와 자는 것이 어찌나 예쁘던지요. 분명 임시 보호임을 알고 데려왔음에도 불구하고 평생 사랑해줄 새로운 가족에게 떠나보낸 날, 집에 돌아와 얼마나 울었는지 모릅니다.

하지만 18세기 유럽에서는 이런 고양이를 아는 사람은 흔치 않았습니다. 사람들은 재미로, 분풀이로 동물을 폭행하고, 불에 태우고, 못살게 굴었습니다. 동물도 인간과 같이 감정이 있고, 인간보다 더욱 순수한 사랑을 할 줄 안다는 것을 깨닫기까지 참 오랜 시간이 걸렸습니다. 고양이를 불에 태우는 축제를 하기는커녕 '고양이 주인님'을 위해 간식을 공수해 오는 집사가 된 오늘날까지의 변화처럼 앞으로는 더더욱 인간과 동물이 평화롭게 어우러져 사는 세상이 되기를 바라봅니다.

7. 엘리자베스 1세 품에 안긴 귀염둥이

– 안데스 산맥에서 날아와 영국인들의 마음을 사로잡은 기니피그

탐스러운 궁둥이와 오동통한 몸통을 가진 기니피그는 성격이 온순하고 털은 부드러워 많은 사람들로부터 사랑받고 있습니다. 심지어 마치 만화에 나오는 귀여운 캐릭터마냥 울음소리마저 '뀨잉뀨잉' 한답니다. 우리나라에서는 아직 대중적인 동물이 아니지만 서양에서는 많이들 키우는 동물이지요.

생긴 것이 쥐와 비슷하여 햄스터나 생쥐와 같다고 생각할 수 있지만, 기니피그는 친칠라나 고슴도치하고도 가까운 편입니다. 식성도 햄스터보다는 토끼를 닮아서 건초를 주로 먹습니다. 이 조그만 동물은 외로움도 많이 타고 무리를 이루어 사는 동물인지라 스위스에서는 기니피그를 한 마리만 키우는 건 기니피그의 습성을 무시하는 일로 생각해 동물 학대로 간주한다고 합니다. 기니피그

69

의 외로움까지 걱정해주는 아주 세심한 법 조항이죠.

이렇게 사회적이고, 사람 좋아하고, 물지도 않는 기니피그는 엘리자베스 1세가 영국을 통치하던 시절부터 유럽인들에게 애완동물로 인기가 높았습니다. 엘리자베스 1세 시대라니! 셰익스피어가 살던 시절이니 생각보다 기니피그의 역사가 굉장히 오래된 것 같죠? 하지만 기니피그의 역사는 그보다도 훨씬 더 위로 거슬러 올라갈 수 있습니다. 아주아주 오래전에는 식량으로 쓰이던 기니피그가 어떻게 해서 전 세계에 퍼졌고, 이제는 우리 곁에서 함께하게 되었는지 알아보도록 할게요.

기니피그는 기원전 2000년 전부터 남아메리카 대륙의 안데스 지방(오늘날 페루와 볼리비아)에서 가축으로 키우기 시작했습니다. 다른 가축들과 마찬가지로 야생의 기니피그는 우리가 아는 기니피그와는 달리 훨씬 빠르고 경계심도 컸으나 기니피그를 잡아 집으로 데려온 사람들이 순하고 얌전한 개체끼리 번식을 시키면서 현재의 성격을 띠게 되었습니다.

안데스 지역 사람들은 기니피그를 아주 다양한 용도로 길렀습니다. 결혼식 하객들에게 선물로 나누어주기도 하고, 아이들에게 애완동물로 안겨주기도 하고, 요리해서 먹기도 하고, 종교 행사에 등장시키기도 했으며 환자를 치료하기 위해 상처 부위에 기니피그를 문지른 뒤 제물로 바치기도 했죠.

그런데 '기니피그'라는 이름은 어디서 유래한 것일까요? 일단

안토니오 델레 베도베(1865~1944)가 그린 「기니피그와 포도 바구니」.

기니피그의 고향인 안데스 지역에서 살 때의 이름은 기니피그가
아니라 쿠이(Cuy)였습니다. 쿠이는 특유의 '뀨잉뀨잉' 하는 울음
소리에서 유래했다고 하니, 개를 '멍멍이'라고 부르거나 고양이
를 '야옹이'라고 부르는 것과 같은 셈입니다. 그렇게 오래도록 남
아메리카에서 지내던 기니피그가 문서로 기록되고 바다를 건너기
시작한 것은 16세기부터였습니다. 스페인 궁정의 공식 서기이자

역사가였던 곤잘로 페르난데즈 데 오비에도가 쓴 『서인도제도의 자연사』를 보면 파인애플을 그린 최초의 스케치도 등장하고 최초의 기니피그도 등장합니다. 오비에도는 쿠이라는 이름이 마음에 들지 않았는지 '서인도의 작은 돼지'라는 이름을 새로 지어주었습니다. '돼지'라고 부른 이유에 대해서는 울음소리 때문이라든가 일반 돼지를 키우듯 우리에서 무리로 키우기 때문이라든가 하는 다양한 추측들이 있지만, 정확한 이유는 알 수 없습니다. 그때부터 남미의 쿠이는 돼지가 되었습니다.

반면에 스위스의 자연학자인 콘라드 게스너는 1553년에 출간한 저서에서 쿠이를 "서인도의 토끼"라고 기록하였습니다. 게스너는 직접 기니피그 2마리를 키웠는데, 키우면서 관찰한 결과 몸의 크기나 먹는 음식을 보면 아무래도 돼지보다는 토끼와 가깝다고 생각했던 모양입니다. 그런가하면 영국의 한 수도사는 게스너와 오비에도의 글 사이에서 혼란스러웠는지 쿠이를 '서인도의 작은 돼지토끼'라고 부르기도 했죠.

17세기가 되자 영국 사람들은 '서인도의 작은 돼지토끼'를 '기니피그'라고 부르기 시작했습니다. 피그는 돼지가 영어로 피그이니 그럴 만한데, 기니는 어디서 온 걸까요? 기니의 유래에 대해서는 여러 가지 설이 있습니다. 기니피그가 한때는 한 마리에 1기니(화폐 단위, 현재 가치로는 약 15만 원)였기 때문이라는 설도 있고, 남아메리카에서 오던 배들이 서아프리카에 있는 국가인 기니에 정박

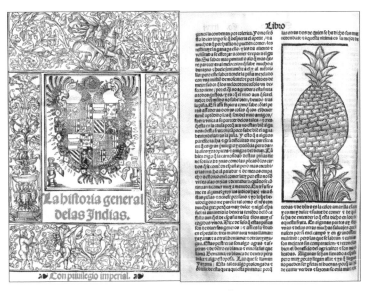

스페인 궁정의 서기였던 곤잘로 페르난데즈 데 오비에도가 쓴 『서인도제도의 자연사』 표지(위 왼쪽)와 최초의 파인애플 스케치가 들어 있는 페이지(위 오른쪽).

했기 때문이라는 설도 있습니다. 하지만 그렇게 치면 차라리 '남아메리카돼지'라고 해야지, 중간 정박 항구의 이름을 굳이 붙일 필요가 있을까 하는 의문이 남습니다. 지금까지도 기니피그라는 이름의 유래는 미스터리로 남아 있지만 아마도 당시 영국인들에겐 기니가 머나먼 꿈나라 같은 이름이었기 때문에 '아주 멀리서 온 돼지'라는 뜻으로 붙여진 것이 아닐까 추측하기도 합니다.

이 귀여운 돼지들이 오비에도의 눈에 띈 이후, 선원들은 자기 아이들에게 애완동물로 안겨주고 싶다는 생각에 몇 마리를 유럽으로 데리고 갔다고 합니다. 그렇게 기니피그는 유럽에서 사랑받는 애완동물이 되어 퍼져나갔죠. 기니피그들은 16세기 이후 영국에서 아주 인기가 많은 동물이 되었습니다. 궁정 숙녀들은 다들 기니피그를 쿠션 위에 한 마리씩 들고 다니는 하인을 거느리고 다녔고, 유행을 선도했던 엘리자베스 1세(재위 1558~1603)까지도 한 마리를 키웠습니다.

그러니 부유한 집안의 어린이라면 엄마 아빠로부터 기니피그 한 마리씩은 선물로 받았던 모양입니다. 76쪽 어린아이 셋의 그림을 보면 많은 것을 알 수 있습니다. 어린아이에게 큰 관심을 두지 않았던 과거에 비해 16세기에는 어린 자녀의 초상을 따로 그리고 나이를 기록할 정도로 아이에 대한 관심이 커졌다는 점, 그와 더불어 아이들이 아끼는 동물도 함께 그렸다는 점도 주목할 만합니다. 빳빳하고 불편해 보이지만 화려하고 부유한 티가 폴폴 풍기는 멋진 옷을 입은 세 아이 중 가장 왼쪽의 6살짜리 큰아들을 제외하고 중간의 7살짜리 큰딸은 품에 기니피그 한 마리를, 오른쪽의 5살 막내는 손에 관상조이자 기독교인의 영혼을 상징하는 새인 핀치를 쥐고 있습니다(누나는 기니피그를 편안하게 안고 있는데, 막내의 손에 들린 새는 영 힘들어 보이네요). 당시에는 흔치 않았을 기니피그를 7살짜리 어린아이가 들고 있다는 것을 보아 아마도 이 아이들의 부모님은 남아메리카에서 들어온 재물을 구매할 수 있을 정도로 부유한 사람들이었을 것으로 짐작됩니다. 참고로 이 그림 속 기니피그는 영

화가 윌리엄 세가 그린 것으로 추정되는 엘리자베스 1세의 초상화. 왼팔에 기니피그가 함께 그려져
있다.

기니피그를 안고 있는 중간의 딸과 핀치를 잡고 있는 막내아들.

국 역사상 최초로 그림에 등장한, 나름 대단한 기니피그랍니다.

오늘날에는 기니피그의 고향인 남아메리카를 제외하면 대부분
의 국가에서 기니피그를 귀여운 반려동물로만 생각하지만 19세기
에만 해도 유럽에서도 기니피그로 만드는 요리의 조리법이 책에
실리곤 했습니다. 동물협회 회원이었던 찰스 컴벌랜드는 1886년
에 쓴 책에서 기니피그가 얼마나 사랑스럽고 귀여운 동물인지에
대해 장황하게 설명하며 독자들에게 기니피그 동호회를 만들고
마치 장미의 종류를 늘리듯 다양한 털 빛깔과 크기를 위해 여러 종

류의 기니피그를 번식시킬 것을 권장합니다. 만약 그러던 중 마음에 들지 않는 결과의 기니피그가 나온다면 맛있게 조리해서 먹으면 된다고 적어두었습니다. 그와 더불어 기니피그를 조리하는 다양한 레시피도 첨부하였죠. 요즘 출간되었다면 난리가 났을 법한 내용이네요.

순하고 얌전한 탓에 18세기부터 실험용으로 쓰이던 기니피그는 20세기에 들어서자 본격적으로 실험실에서 사용되기 시작했습니다. 아마 기니피그를 실험용으로 쓴다는 말은 못 들어보았어도 '모르모트'라는 단어는 많이 들어보셨을 텐데요. 모르모트는 다른 동물인 마르모트와 혼동하여 기니피그를 잘못 일컫는 말로, 실험실에서 쓰는 모르모트도 대부분 기니피그를 뜻합니다.

그렇게 남아메리카에서 식량으로 쓰이던 쿠이는 바다를 건너 유럽으로 넘어와 작은 돼지가 되었다가 기니피그로 불리며 오늘날에는 한 마리만 두는 것이 불법인 나라가 있을 정도로 많은 이들에게 관심과 사랑을 받는 반려동물이 되었습니다. 그러니 혹시라도 기니피그를 만나게 된다면 머나먼 땅 안데스에서 우리나라에 오기까지의 오랜 역사를 한번 떠올려주세요!

8. 아발론의 지배자 곁을 지킨 충견

– 전설의 아서 왕이 사랑한 사냥개 카발

강한 적에 맞서고 약자를 수호하며 레이디를 향한 사랑을 가슴에 품은 멋진 기사, 현명하고 강력한 나이든 마법사, 우아하고 아름다운 공주, 신비로운 요정, 선택받은 자만이 뽑을 수 있는 명검……. 중세 유럽이라고 하면 기사도 문학의 낭만적인 분위기가 가장 먼저 떠오르는 데는 아서 왕의 전설이 아주 크게 한몫했다고 할 수 있습니다.

아서 왕의 전설이 서양에 미친 영향이 어찌나 큰지 한국 사람인 우리조차도, 아서 왕에 대한 책을 한 번도 읽지 않았어도 다들 바위에 꽂혀 있던 검 엑스칼리버라든지 원탁의 기사들, 마법사 멀린 등에 대해 한번쯤 들어본 적이 있을 것입니다. 하지만 아서 왕이 가는 곳마다 그림자처럼 따라다니며 강력한 괴수를 사냥했던 아서 왕의 사냥개 카발에 대해서는 잘 알려져 있지 않습니다.

'애초에 전설인데 개가 있었는지 알게 뭐람!' 이라고 생각하시는 독자 여러분을 위해서, 그리고 카발이 정확히 어떤 개였는지 추측하기 위해서 먼저 아서 왕에 대해 최대한 간략하게 알아보도록 하겠습니다. 물론 실제로 바위에서 엑스칼리버를 뽑은 아서 왕과 성배를 찾아 모험을 떠났던 원탁의 기사들, 호수에서 나타난 요정이 존재했느냐 하면 아무래도 그렇지는 않습니다. 하지만 그렇다고 아서 왕이 아예 존재하지 않았던 소설 속의 인물이냐 하면 그렇지도 않다고 추측합니다. 정말로 쑥과 마늘만을 먹으며 100일 버티기를 시도한 곰과 호랑이가 있었던 것은 아니겠지만 곰을 숭상하던 부족과 호랑이를 숭상하던 부족 간의 다툼은 있었을 것으로 추측하듯 말이죠.

최초로 등장하는 영웅 아서의 이야기는 6세기 무렵의 웨일스 시인 아네이린이 쓴 『어 고도딘(Y Gododdin)』에 수록되어 있습니다. 엄밀히 말하면 아서가 주인공은 아니었고, 300명이나 되는 적을 무찌른 대단한 영웅의 이야기를 하며 "그는 까마귀를 배불리 먹였으나 그래도 아서는 아니었다(시체가 즐비할 정도로 많은 적을 무찔렀으나 아서에 비견할 바는 아니라는 뜻)."라고 적고 있습니다. 여기서 우리는 아서라는 영웅의 명성이 널리 퍼져 있었다고 추측할 수 있죠(물론 우리가 생각하는 그 아서가 아닐 수도, 아서 부분이 훗날 더해진 것일 수도 있겠지만요).

이후 828년에 쓰인 『브리튼인의 역사』는 사실상 최초로 아서에 대해 쓰고 있습니다. 아서가 참전한 열두 번의 전투가 기록되어 있으나 '아서 왕'이라고 하지 않는 이유는 이 시절에만 해도 아서는 왕이 아니라 군사 지도자라고 적혀 있었기 때문입니다. 12세기에 수도사 몬머스의 제프리가 쓴 『브리튼 왕들의 역사』는 『브리튼인의 역사』를 많이 참고한 것으로, 여기에서는 아서를 왕이라고 부르는 것, 마법사 멀린, 엑스칼리버, 아서 왕의 왕비인 기네비어, 아발론에 묻힌 아서 왕 등이 처음으로 등장합니다. 그리고 우리의 주인공, 사냥개 카발의 존재 역시 처음으로 등장합니다.

비슷한 시기, 프랑스의 작가 크레티앵 드 트루아는 다섯 편의 시를 통해 아서 왕의 전설에 랜슬롯, 원탁의 기사, 성배 찾기 등을 추가시켰습니다. 이 시들의 성공 덕분에 아서 왕의 전설은 중세 문학에서 중요한 위치를 차지하게 되었고 15세기에서 19세기 작가들의 정리와 현대화 덕분에 현재까지 영화, 만화, 게임, 소설 등 다양한 분야에서 아서 왕의 전설은 살아 숨 쉬고 있습니다.

자, 그런데 우리의 주인공 카발은 어떤 존재일까요? 용맹하고 커다란 사냥개였다는 카발, 그 이름은 라틴어로 말을 뜻하는 카발루스(Caballus)에서 유래된 것으로 추측됩니다. 개에게 말이라는 이름을 붙이다니, 실은 개가 아니라 아서 왕이 타고 다녔던 말을 뜻하는 것 아니냐는 주장도 나왔지만 카발의 활약상을 보면 말보다는 펄펄 날아다니는 사냥개가 떠오릅니다.

중세의 낭만을 대표하는 전설 속 아서 왕을 수놓은 태피스트리. 1385년 무렵의 작품이다.

늘대처럼 사슴을 직접 쫓아가 잡곤 했다는 카발의 능력은 아서왕이 했던 전설적인 멧돼지 사냥에서도 빛을 발했습니다. 11세기에 쓴 것으로 추측되는 영웅전『쿨루흐와 올웬』은 앞에서 이야기한 몬머스의 제프리가 등장하기 전 아서의 이야기를 기록한 가장 긴 문서인데, 바로 여기에 멧돼지 투르크 트뤼스의 사냥 이야기가 등장합니다.

주인공은 쿨루흐와 올웬이지만 액자식 구성으로 이루어져 사실상 아서와 친구들 이야기인『쿨루흐와 올웬』은 어느 날 콘월에 있는 아서의 궁정에 쿨루흐가 등장하며 시작됩니다. 사랑하는 올웬과 결혼하기 위해 여러 모험을 해야 하는 쿨루흐와 그를 돕기로 한 아서는 전국에서 자신의 전사들을 불러들이고는 거대 멧돼지 투르크 트뤼스를 찾아 아일랜드로 향합니다. 그리고는 곧, 한때는 왕이었으나 저주를 받아 멧돼지가 되었다는 투르크 트뤼스가 일곱 마리 아기 돼지와 살고 있는 것을 발견합니다.

그렇게 거대 멧돼지와 인간들의 전투가 시작됩니다. 투르크 트뤼스가 사람들을 죽이면 아서와 전사들은 복수로 멧돼지의 아기 돼지들을 죽이고 무력과 마력으로 멧돼지를 서서히 지치게 만들었죠. 멧돼지의 머리에 꽂혀 있던 빗, 면도날, 가위를 탈취하여 승리한 아서와 전사들은('빗, 면도날, 가위가 거기 왜 있어?'라고 물으신다면 애초에 이 멧돼지가 저주를 받아 괴물이 된 왕이라는 전설임을 기억하세요) 멧돼지를 바다로 쫓아내버렸고 그곳에서 투르크 트뤼스는 영원히 바다 속으로 사라져버렸습니다.

멧돼지와 전투를 벌이는 와중, 아서의 개였던 카발이 주인의 곁에서 어찌나 맹렬하게 싸웠던지 돌에 카발의 발자국이 그대로 패여 들어갔다고 합니다. 용맹한 자신의 개

1849년에 샬롯 게스트가 번역하여 출간한 중세 웨일스 산문 모음집인 『마비노기온』에 실린 카발의 발자국이 새겨진 돌.

가 아주 자랑스러웠던 아서는(그리고 내 강아지의 발자국이 새겨진 돌은 엄청 귀여웠을 것이므로) 그 돌을 주워서 현재의 영국 웨일스 지방에 있는 빌스 웰스 마을에 돌무더기를 쌓고 맨 꼭대기에 카발의 발자국이 찍힌 돌멩이를 전시해두었다고 합니다.

돌무더기에는 아주 간단한 이름도 붙었죠. 바로 '카발의 돌무더기(Carn Cabal)' ! 게다가 이 돌에는 아주 마법적인 힘이 있어 누가 이 돌을 어디로 가져가든 다음 날이면 저절로 제자리에 돌아와 있었다고 합니다. 강아지 발자국이 새겨진데다 잃어버릴 걱정도 없는 마법의 돌이라니 누구나 갖고 싶어할 만하네요!

주인의 곁에서 용맹하게 싸운 카발은 어떤 종이었을까요? 전설 속의 개가 정확히 어떤 견종이었을지는 알 수 없지만, 멧돼지와도 어깨를 나란히 했다는 대형견 카발이 아서 왕과 세상을 떠돌던 옛날 옛적, 그 시절에 많은 사랑을 받았던 견종 몰로수스가 아닐까 추측해봅니다. 몰로수스는 고대 그리스와 로마에서 많이 키웠던 대형 견종이지만 현재는 멸종하여 정확한 생김새는 알 수 없습니

아서 왕 전설을 다룬 앨프리드 테니슨의 「국왕목가」에 들어간 귀스타브 도레의 삽화.

다. 그래서 어떤 이들은 단단하고 묵직한 전쟁용 개였다고 주장하기도 하고, 어떤 이들은 날렵하고 재빠른 사냥용 개였다고 주장하기도 하죠.

어찌되었든 크기가 아주 컸다는 몰로수스는 고대 로마인들이 전쟁에 활용하기 좋아하는 개였습니다. 전쟁터에서는 목에 뾰족한 가시를 두르고 철갑옷을 입고 전쟁터에 뛰어들어 사람이건 말이건 가리지 않고 물어뜯었고 평소에는 집과 도시를 지키는 경비견 역할을 톡톡히 해냈죠.

얼마나 인기가 좋았는지 몰로수스는 그리스·로마인들이 가는 곳이라면 어디든 따라갔고 그 덕분에 전 유럽에 몰로수스가 퍼져나갔습니다. 그러니 로마의 영향을 강하게 받았던 시절의 전설인아서 역시 몰로수스를 키웠을 수도 있겠지요(켈트 전설임에도 개 이름이 라틴어인 것만 봐도 말이죠!).

현재는 멸종한 견종이지만 몰로수스는 오늘날에도 쌩쌩하게 뛰어다니는 다양한 초대형 견종들의 조상입니다. 뉴펀들랜드, 잉글리시 마스티프, 세인트 버나드, 로트와일러, 그레이트 데인, 나폴리탄 마스티프, 버니즈 마운틴 도그, 그레이터 스위스 마운틴 도그 등이 모두 몰로수스의 후손입니다. 여기에 나열한 견종들은 최소 40킬로그램에서 잉글리시 마스티프의 경우 최대 130킬로그램까지 나가는 초대형 사이즈를 자랑하니 몰로수스 역시 꽤나 몸무게가 나가지 않았을까 짐작해볼 수 있습니다.

친구 찾기를 도와달라고 청하는 쿨루흐.

　엑스칼리버를 손에 쥐고 원탁의 기사들과 모험을 떠나는 아서
의 곁에서 커다란 멍멍이 카발이 위풍당당하게 걷는 모습을 상상
해보노라면 아서 왕도 카발의 눈빛 공격에 항복하고는 먹던 고기
를 나눠줬을지 궁금해지네요!

9. 목이 길어서 사랑스러운 그녀
– 19세기 파리지앵의 사랑을 한 몸에 받았던 기린 이야기

　기린은 참 독특하게 생겼습니다. 연갈색과 진갈색 얼룩이 뒤섞인 특유의 털은 아름답기 그지없고, 긴 속눈썹의 커다란 눈망울은 사랑스러우며, 길쭉하고 늘씬한 몸으로 조용히 나뭇잎을 뜯어 먹는 모습은 우아하죠.

　19세기 유럽에서는 이처럼 아름다운 동물인 기린을 실제로 본 사람은 거의 없었습니다. 심지어 삽화조차 찾아보기 어려웠죠. 고대 로마 제국 시절에는 기린 몇 마리가 유럽에서 살기도 했다지만 그런 이야기는 기록으로나 남아 있을 뿐, 사람들에게는 아득한 옛 이야기나 마찬가지였습니다. 그런 와중에 파리에 홀연히 등장한 기린 한 마리에 사람들은 무척 열광하였습니다.

　프랑스 파리까지 걸어온 기린에 관해 이야기하기 위해서 우리는 먼저 저 멀리, 오스만 제국까지 가야 합니다. 1299년부터 1922년까지, 무려 623년간 존재했던 오스만 제국의 휘하에는 여러 식민지가 있었습니다. 그리스도 그중 하나였죠. 그리스는 15세기 말부터 오스만의 지배를 받고 있었는데 19세기가 되자 독립을 열망하는 운동이 점차 커져 나가기 시작했습니다. 미국 독립전쟁과 프랑스 혁명 소식을 들으니 그리스도 가만히 있을 수가 없었던 거죠. 이에 러시아와 영국, 프랑스 등은 그리스 독립운동을 지원하기 시작했습니다.

그런 와중, 당시 오스만 제국의 이집트 총독이었던 무함마드 알리는 이집트를 빠르게 근대화하고 싶어 했습니다. 그는 이집트의 방대한 고대 유적을 낡은 찌꺼기 취급하며 유럽과의 관계를 위해 기꺼이 팔아넘겼습니다.

이집트를 위해 새로운 시대를 열고 싶어 했던 무함마드 알리의 선택으로 인해 이집트는 금세 유럽에서 들어온 온갖 종류의 사람들로 넘쳐났습니다. 관광객부터 상인, 외교관, 과학자, 수출업자 등등이었죠.

그렇게 유럽과의 관계를 잘 다지려 노력하는 와중에 그리스 독립전쟁이 벌어집니다. 무함마드 알리는 프랑스가 그리스 대신 오스만을 도왔으면 하는 마음에 프랑스 총영사인 베르나르디노 드로베티에게 조언을 요청하였습니다. 참고로 드로베티는 이집트 유물에 굉장히 관심이 많았고 셀 수 없이 많은 유물을 유럽으로 팔

오스만 제국의 이집트 총독이었던 무함마드 알리. 이집트의 수많은 고대 유적을 유럽에 헐값에 팔아넘겼다.

고대 이집트 유물에 관심이 많아 수많은
유물을 유럽에 들여온 프랑스 총영사 드로
베티.

아넘겼습니다. 이탈리아 토리노에 있는 이집트 박물관에는 드로
베티가 그렇게 모은(사실상 약탈한) 5,628점의 유물이 전시되어 있기
도 하죠.

프랑스 왕실에 잘 보이기 위해 아프리카의 동물들을 갖다 바쳤
던 드로베티는 알리에게도 똑같은 조언을 해줍니다. 아주 멋지고,
색다르고, 신기한 동물을 보내준다면 프랑스 왕이 그의 청을 눈여
겨보지 않겠냐는 것이었죠. 뭘 선물할까 고심하던 무함마드 알리
는 프랑스, 영국, 오스트리아로 기린을 보내기로 결정합니다.

물론 무함마드 알리가 보낼 기린은 유럽 땅에 최초로 발을 디딜
기린은 아니었습니다. 1487년에 이탈리아의 정치가인 로렌초 데

얼룩무늬가 환상적인 자라파와 느긋하게 기대앉아 있는 관리인의 모습에서 아프리카 대륙의 이국적이고 나른한 한때가 저절로 그려진다.

메디치도 이집트로부터 기린을 선물받기도 했죠. 하지만 안타깝게도 이 메디치 기린은 유럽에 도착한 지 얼마 지나지 않아 죽고 말았습니다.

아프리카의 수단에서 태어난 2마리의 새끼 누비아 기린은 어미와 함께 행복하게 지내고 있었습니다. 하지만 2마리 모두 아랍 사냥꾼들에게 붙잡혔고 이들은 곧 수단 동부의 센나르 지방으로 끌려갔습니다. 낙타의 등에 묶이기도 하고 청나일강을 따라 배에 타기도 하며 기린들은 수단의 수도인 카르툼으로 실려 갔습니다.

새끼 기린이 시장에 등장했다는 소식을 들은 이집트 총독의 명에 따라 나일강으로 돌아간 기린들은 강을 따라 이집트의 수도인 카이로로 가게 되었죠. 우리 주인공 기린의 이름은 '왕의 아름다운 동물' 또는 '아프리카의 아름다운 동물'이라고 했다는데, 그 이름은 너무 길기 때문에 우리는 20세기에 등장한 이후 이 기린을 부르는 이름으로 영원히 남은 자라파(아랍어로 '기린'이라는 뜻)라고 부르겠습니다.

그렇게 자라파는 특별히 제작된 배를 타고 알렉산드리아에 도착했습니다. 그리고 거기서부터는 다른 여러 동물과 함께 배를 타고 유럽으로 향하는 여행이 시작되었죠. 자라파가 알렉산드리아 항구에서 조용히 기다리며 서 있을 때, 주위에는 붙잡혀온 하이에나, 사자, 앵무새, 원숭이 등이 울부짖고 있었습니다. 초식동물인 기린에게는 무서운 상황이었겠지만 순하고 얌전하기로 유명해질

고향을 떠나는 배를 타기 위해 기다리고 있는 자라파.

자라파는 조용히 배에 탈 차례를 기다렸죠. 당시 자라파가 얼마나 어린 새끼였는지, 자라파에게 우유를 먹이기 위해 3마리의 이집트 암소가 함께 배에 오르기도 했습니다.

다행히 프랑스 마르세유를 향한 항해는 순조로웠습니다. 자라파의 키가 많이 자랐기 때문에 사람들은 갑판을 잘라내고 가장자리를 폭신한 지푸라기로 덧대어 자라파의 머리가 나올 수 있도록 해두어야 했죠. 튀어나온 자라파의 머리는 마치 돛이 하나 더 달려 있는 것처럼 보였다고 합니다.

1826년 10월 31일, 자라파는 마침내 마르세유에 도착했습니다. 300여 년 만에 유럽에 등장한 기린이었죠. 프랑스 왕인 샤를 10세는 기린을 빨리 보고 싶었겠지만, 열대 지방의 동물인 기린에게 프

마르세유로 오는 자라파를 표현한 과장된 그림.

랑스의 겨울이 혹독할 것임은 자명한 일이었습니다. 그래서 자라
파는 겨울 동안 마르세유에서 돌보기로 하였습니다. 관리인들은
소중한 기린의 건강을 유지하기 위해 자라파를 매일 산책시켰습
니다.

  자라파는 죽는 날까지 다른 기린을 본 기억이 없었기 때문에 자
신이 정확히 뭔지를 몰랐다고 합니다. 거울을 봐도 자신의 다름을
알아차리지 못했죠. 결국 자라파는 말을 자신의 동족으로 생각하
고 말의 흉내를 내고는 했습니다. 산책할 때도 망아지처럼 신이 나

서 펄쩍 뛰거나 심지어 달리기까지 했죠. 그런 자라파를 말리는 관리인이나 사람들에게 스스럼없이 다가와서 다정하게 구는 자라파는 당시 마르세유 사람들에게 아주 큰 인기였습니다.

프랑스의 박물학자인 에티엔 조프루아 생틸레르는 기린이 프랑스에 도착하자 당장 자라파를 만나러 달려갔고, 그 후로 파리까지의 여정도 함께했습니다. 생틸레르는 혹시라도 자라파가 춥지는 않을까 비에 젖지는 않을까 노심초사했고, 자라파를 위해 프랑스 왕실 상징인 백합 문양이 수놓인 투피스 우비를 제작하고 신발도 신겨주었습니다.

마르세유에서 파리까지의 여정을 걸어서 갈 것인지, 배를 타고 갈 것인지는 모든 이들의 고민이었습니다. 배를 타면 더 빨리 갈 수는 있었겠지만 자라파가 건강하고 걷는 걸 좋아하는 데다 배는 온갖 사고가 일어날 가능성이 너무 크다고 판단했죠. 그때부터 파리를 향한 자라파의 900킬로미터에 이르는 길고 긴 마라톤이 시작되었습니다.

박물학자 생틸레르가 이끈 이 여정에는 각자 자라파에게 연결된 줄을 쥐고 있는 3명의 관리인과 자라파에게 우유를 제공하는 이집트 암소들과 기린을 지키는 경찰들, 같이 가는 영양, 코르시카 양, 짐수레가 함께했습니다. 마치 동화에나 나올 법한 기묘한 행진이었겠지요.

시간당 3킬로미터씩 느긋하게 걸었다는 자라파의 행진에 대한

마치 동화 속에서 튀어나온 듯한 자라파의 행진에 구경꾼이 구름같이 몰려들었다.

소문은 금세 퍼져 나갔고, 사람들은 평생에 두 번 다시 볼 수 없을 지도 모를 기린을 구경하기 위해 몰려들었습니다. 리옹에서는 소식을 듣고 구경하러 온 사람들이 무려 3만여 명은 되었을 거라 합니다. 당시 리옹 인구의 3분의 1 수준이었죠. 사람이 너무 많아서 당시 자라파의 호위대는 군중을 통솔하기 위해 군대의 도움까지 받아야 했습니다.

41일 동안 쉬지 않고 걸은 끝에 자라파는 드디어 파리에 도착할 수 있었습니다. 이렇게 매일 오래도록 걸은 덕분에 자라파의 건강은 완벽한 수준이었습니다. 털에서는 반지르르 윤기가 흘렀고 근

파리의 식물원에 자리 잡은 자라파와 그의 관리인인 아티르.

육은 아주 단단해졌죠. 소문 속의 기린이 도착하기만을 손꼽아 기다리던 파리 시민들은 미친 듯이 환호하며 자라파를 반겼습니다. 당시 자라파가 등장한 뒤 고작 3주 만에 자라파를 보러 온 인파는 6만여 명에 이르렀죠.

　자라파의 관리는 드로베티의 수단인 하인이었던 아디르와 아랍

1827년 무렵, 파리 식물원에 있는 자라파를 구경하려고 몰려들어 난리법석을 피우는 파리 시민들.

인인 하산이 맡았습니다. 하산은 고향에 대한 그리움을 견디지 못
하고 이집트로 돌아가버렸지만, 아티르는 계속 자라파를 돌보았
습니다. 매일같이 자라파의 털을 빗겨주고 사다리를 타고 올라가
자라파와 눈을 맞추었죠. 그러잖아도 인기 폭발인 기린을 매만지
고 돌보는 남자라니, 아티르는 프랑스 여성들로부터 엄청난 사랑
을 받았다고 합니다.

　그런 반면, 영국의 조지 4세에게 보내진 기린은 영국까지는 잘
도착했지만, 이리저리 끌려다닌 끝에 고작 2년도 살지 못하고 몸

조지 4세가 받은 기린. 가엾게도 오래 살지 못했다.

이 너무 약해져 금세 죽고 말았습니다. 소식을 들은 자라파의 관리인들은 자라파도 죽을까 걱정되어 불면 날아갈까, 쥐면 꺼질까 애지중지 돌보았습니다. 그 덕분에 자라파는 아주 건강한 모습으로 매일같이 찾아오는 구경꾼들 앞에 나설 수 있었습니다. 몇 달도 채 되지 않아 자라파를 보기 위해 방문한 사람의 수는 무려 60만 명이나 되었습니다.

'사랑스럽게도 활발하다'는 평을 들었던 자라파가 온 뒤로 프랑스에서는 글자 그대로 '기린 대유행(La mode à la girafe)'이 시작되었습니다. 사람들은 모이기만 하면 기린 이야기를 했고 자라파의 모습은 접시에도, 천에도, 장식용 도자기에도 등장했으며 여성들은 기린처럼 옷을 입었습니다. 기린의 동그란 뿔처럼 머리를 추어올리고, 기린의 얼룩을 흉내 낸 천으로 만든 옷을 입었죠. 102쪽 그림에 등장하는 여성의 부풀린 소매는 기린의 볼록 튀어나온 관절을 흉내 낸 것입니다. 남성이라고 예외는 없었습니다. 기린 얼룩의 모자와 목 장식을 걸치고는 했으니까요.

이집트에서 보낸 기린 3마리 가운데 자라파만이 유일하게 오래도록 살아남았습니다. 프랑스 사람들은 이를 무척이나 자랑스러워했죠. 자라파는 노래에도, 장신구에도, 벽지에도, 비누에도, 음식에도, 가구에도 주인공으로 등장했습니다. 자라파의 털색은 신상 색상이 되었습니다. 상상 가능한 모든 것에 자라파가 거닐고 있었다고 보시면 되겠습니다.

자라파 벽지(1826~1830년 무렵).

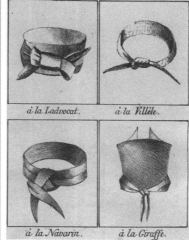

à la Ladvocat. à la Villèle.

à la Navarin. à la Giraffe.

기린 그림이 그려진 찻주전자(왼쪽)와 다른 스카프 묶는 법과 어깨를 나란히 한 기린 스타일 스카프 묶는 법(위 4개의 그림 중 아래 오른쪽).

19세기 파리의 최신 유행 기린룩. 기린의 뿔을 흉내 낸 머리 스타일과 기린의 툭 튀어나온 관절을 표현한 부풀린 소매의 기린 얼룩무늬 드레스까지, 그야말로 걸어 다니는 인간 기린이 될 수 있었다.

머리카락을 꼬아 올려 기린의 뿔처럼 만들면 당신도 유행의 선두주자!

비록 프랑스까지 자라파를 보냈던 이집트 총독 무함마드 알리에게는 큰 도움이 되지 않았지만, 자라파는 프랑스 국민의 사랑을 받으며 파리 식물원에서 18년을 살다가 세상을 떠났습니다. 자라파가 사망한 뒤, 당시 관행대로 자라파는 박제되었습니다. 파리 식물원에 오래도록 장식되어 있던 자라파의 박제는 오늘날에는 라로셸자연사박물관이 소장하고 있습니다. 2012년에는 프랑스 애니메이션 영화 「아기 기린 자라파」가 개봉하기도 하며 자라파는 오늘날까지도 우리의 기억 속에 함께하고 있습니다.

10. 루이 14세의 심장을 먹어치운 남자

– 어느 동물학자의 그로테스크한 식성

펄럭이는 검은 로브를 걸친 교수님은 하이에나 두개골을 손에 쥐고 번뜩이는 눈으로 맨 앞자리에 앉은 학생에게 얼굴을 바짝 가져다대고는 소리쳤습니다.

"세상은 무엇이 다스리지?"

갑자기 모두의 관심을 받게 된 불쌍한 학생은 너무 놀라 옆자리로 주춤거리며 옮기고는 아무 대답도 하지 못했습니다. 그러자 교수님은 그 옆에 있는 다른 학생에게 다가가서 얼굴에 하이에나 두개골을 들이밀고는 다시 한 번 소리쳤습니다.

"세상을 다스리는 건 뭐지?"

"모……, 모르겠는데요."

"위장이야! 위장이 세상을 다스리지! 강한 자는 약한 자를
먹고 약한 자는 저보다 약한 것을 먹는 것이지!"[주11]

1784년 3월에 태어나 1856년 8월에 세상을 떠난 윌리엄 버클랜
드에게는 직업이 꽤나 많았습니다. 웨스트민스터의 주임 사제이
자 고생물학자이자 동물학자이자 지질학자이자 광물학자이자 신
학자이자 동물 수집가이기도 했죠. 버클랜드는 학자로서도 뛰어
난 업적을 남겼기 때문에 그의 독특한 식성을 이야기하기에 앞서
그의 업적을 먼저 이야기해보려 합니다.

윌리엄 버클랜드는 빙하 시대의 흔적에서 성서에 등장하는 홍
수와 노아의 방주가 범지구적으로 일어났다는 증거를 찾았다고
믿었던 것으로도 유명하지만, 그의 가장 유명한 발견은 파빌랜드
의 붉은 숙녀, 커크데일 동굴, 메갈로사우루스, 이 3가지입니다.
'파빌랜드의 붉은 숙녀'는 신화에 나올 법한 로맨틱한 이름이지
만 실은 고인류의 뼈로, 발견 당시에는 붉게 물든 뼈와 함께 장식
품이 발견되었기 때문에 로마 시대 여성의 것이라고 생각하였습
니다. 하지만 최근 조사 결과 이 뼈는 버클랜드의 예상보다도 훨씬
더 오래된, 무려 3만 3천년 된 고인류이며 '붉은 숙녀'라는 이름과
는 달리 실은 남성의 뼈라는 것이 밝혀졌죠.

또한 버클랜드는 영국에 있는 커크데일 동굴을 조사하여 이곳
이 고대 하이에나의 서식지라는 것도 밝혀냈습니다. 고대부터 있

하이에나 두개골을 들고 있는 버클랜드.

버클랜드의 업적을 기리기 위해 그려진 만화. 그의 집요한 탐구심과 놀라운 열정이
잘 묘사되어 있다.

었던 동굴 안에 수많은 동물의 뼈가 널려 있는 것을 본 버클랜드는
처음에는 성서에 나오는 대홍수 때문에 동물들이 휩쓸려 온 것이
라고 생각했지만 곧 그게 아니라 빙하 시대에 유럽을 돌아다녔던
하이에나들이 이 동굴을 서식지로 삼았기 때문이라는 것을 깨달
았습니다. 버클랜드가 동굴을 조사하며 했던 화석 분석과 연구는
당시에는 아주 획기적이었으며 오늘날에도 모범으로 여겨지고 있
습니다.

하지만 버클랜드를 가장 유명하게 만든 것은 아무래도 공룡인
메갈로사우루스의 발견입니다. 최초의 근대박물관인 애슈몰린박
물관의 첫 번째 관리인이자 옥스퍼드대학 화학 교수였던 로버트

플롯이 1677년에 쓴 『옥스퍼드셔의 자연사』를 보면 플롯은 비정상적으로 큰 허벅지뼈 같은 것을 발견합니다. 플롯은 이에 대해 고민하다가 결국 고대 거인들의 뼈라고 결론지었습니다. 성서에 등장하는 거인인 골리앗의 키는 무려 8척(약 2.4미터)이 넘었다면서 말이죠.

로버트 플롯의 책에 등장한 뼈는 아쉽게도 거인족의 뼈는 아니었지만 놀라운 발견임은 변함이 없었습니다. 오늘날에는 사라져버린 이 뼈는 쥐라기 시대에 형성된 지층에서 발견된 것으로, 아마도 공룡 화석이었을 것으로 추측되고 있습니다. 그 덕분에 비록 플롯의 추측은 틀렸지만, 플롯은 최초로 공룡 화석을 관찰하여 기록을 남긴 학자로 이름을 남기게 되었습니다.

플롯의 책이 출간되고 약 140년 뒤인 1815~1824년, 윌리엄 버클랜드는 같은 지역인 옥스퍼드에서 이, 턱뼈, 갈비뼈 등을 발견하였습니다. 아직 공룡의 존재 자체를 몰랐던 시절이었기에 버클랜드는 그것이 과거에 멸종한 거대한 도마뱀이라고 생각하였습니다. 그래서 그에 걸맞게 메갈로사우루스(Megalosaurus, 커다란 도마뱀)라는 이름을 붙여주었죠. 버클랜드가 이 발견을 1824년 런던지질학협회에 발표하면서 메갈로사우루스는 그 이름을 세상에 널리 알리게 되었습니다.

오늘날까지도 버클랜드가 발견한 이 공룡의 이름은 메갈로사우루스라고 하니, 메갈로사우루스는 공룡이란 단어보다 먼저 이름

최초로 공룡 화석을 관찰, 기록한 로버트 플롯. 발견으로부터 140여 년 뒤에 윌리엄 버클랜드가 '메갈로사우루스(커다란 도마뱀)' 라는 멋진 이름을 지어주었다.

이 붙은 경우입니다. 꽃이라는 단어가 생기기 전에 장미라는 이름부터 생긴 격이죠.

버클랜드는 이처럼 다양한 업적을 남기기도 했지만 그때부터 지금까지 그의 업적만큼이나 유명한 것은 그의 성격입니다. 항상

이구아돈과 메갈로사우루스 상상화.

기운이 넘쳤다는 버클랜드는 농담을 좋아하고 엄청난 장난꾸러기
였습니다. 하지만 불행하게도 정작 그가 살았던 시대는 엄숙하기
짝이 없는 빅토리아 시대였습니다. 그 시대 사람들은 매사에 진지
하고 예의와 상식을 아주 중요하게 생각했고, 때문에 버클랜드의
기괴한 행동들을 어떻게 받아들여야 할지 이해하지 못했습니다.
버클랜드를 얼마나 이상한 사람 취급했던지, 버클랜드가 연구한
학문이자 당시 갓 태동하던 지질학 자체를 믿을 수 없는 학문으로
치부하기까지 했죠.

　동물이라면 살아 있는 것도, 갓 죽은 것도, 죽은 지 아주아주 오
래된 것도 모두모두 좋아했던 버클랜드의 집은 동물원을 넘어서

거의 야생 수준이었습니다. 부창부수라고, 아내인 메리 역시 남편과 취향이 비슷해서 곁에서 함께 화석을 연구하고 화석 그림을 그렸으므로 이 부부의 집은 화석과 지질학 연구 자료들, 살아 있는 동물들, 죽은 동물들의 사체 등으로 미어터질 지경이었습니다. 살아 있거나 죽은 동물들, 화석 등은 천 단위로 집안을 가득 메웠고 버클랜드 부부는 이 동물들과 함께 잠을 자고 밥을 먹고 연구하고 먹었습니다. 응? 잠깐 멈칫한 당신을 위해 다시 말씀드리자면, 버클랜드는 자기가 키운 동물은 물론, 곤충까지 대부분 먹어치웠습니다.

만약 여러분이 버클랜드의 집에 초대받아 간다면 식탁 위에는 다음과 같은 음식들이 올라왔을 것입니다. 구운 고슴도치, 악어 스테이크, 흑표범볶음, 강아지 스튜, 돌고래 머리……. 버클랜드 집안의 특이한 메뉴 중 가장 맛있기로 유명했던 것은 아침식사로 나왔던 토스트 위에 올린 생쥐였다고 합니다(윽!).

이처럼 다양한 동물과 곤충을 즐겨 먹었던 버클랜드도 도저히 못 먹겠다고 선언한 것이 둘 있었으니, 그것은 바로 옥스퍼드 지역의 가정집 정원에 흔히 출몰하는 두더지와 우리가 흔히 똥파리라고 부르는 청파리였습니다. 청파리가 주로 어디서 발견되는지를 생각하면 그다지 입에 넣고 싶은 생물은 아닌 것 같네요. 청파리를 콕 찍어 별로였다고 하는 것을 보면 다른 곤충은 무얼 먹었을지 궁금해집니다.

죽은 동물의 뼈부터 살아 있는 동물의 배설물까지, 버클랜드는 동물과 관련된 것이라면 무엇이든 흥미로워했다.

버클랜드는 동물한테서 나온 거라면 고기뿐만 아니라 피도 먹고 배설물까지 먹었습니다. 이와 관련된 일화도 있답니다. 어느 날 프랑스의 한 로마 가톨릭 성당에 들른 버클랜드는 이 성당에서 일어나고 있다는 기적에 대해 알게 되었습니다. 바로 순교자의 피가 바닥에 툭툭 떨어진다는 것이었죠.

이를 두고 사람들은 아주 성스러운 기적이라고 철석같이 믿고 있었으나 그 말을 들은 버클랜드, 즉 웨스트민스터 주임 사제는 곧바로 바닥에 엎드려서 이른바 '순교자의 피'를 혀로 핥아보았습

니다. 그리고는 경악한 표정으로 쳐다보는 사람들에게 의기양양
하게 외쳤죠.

"박쥐 오줌이네요!"

박쥐 배설물이 기적을 행하는 것 외에도 쓸모가 있다는 것을 알
리고 싶었던 버클랜드는 박쥐 배설물을 비료로 쓰자고 제안하며
얼마나 유용한 비료인지 증명하기 위하여 마을 잔디밭에 박쥐 배
설물로 GUANO(새똥)라는 글자를 적어두었습니다. 얼마 후 여름
이 되자 글자 모양 그대로의 풀들만 아주 파릇파릇 싱싱하게 자라
나서 동네 주민들은 매일같이 '새똥(구아노)'이라고 적힌 것을 바
라봐야 했죠.

하지만 버클랜드가 먹은 것 중 가장 희귀한 것은 코뿔소 파이도,
캥거루 햄도 아닌 바로 인간의 심장이었습니다. 그것도 프랑스 왕
루이 14세의 심장이었죠. 예, 화려한 베르사유 궁전을 짓고 태양
왕이라 불렸으며 프랑스를 72년 동안이나 통치했던 바로 그 루이
14세 말입니다.

도대체 어쩌다 그런 일이 벌어졌는지에 대해서는 몇 가지 설이
있습니다. 첫 번째 설은 웨스트민스터 사원의 기록에 있는 내용으
로, 1848년, 버클랜드에게 부석(화산의 용암이 급격히 식어서 굳은 돌)이
들어 있는 은 장신구를 보여주자 버클랜드는 그걸 당장 들어서 부
석을 입에다 털어 넣었다고 합니다. 뭘로 만들어졌는지 무슨 맛인
지 혀로 확인하려 한 것이었는지, 어쨌든 버클랜드는 입에 넣은 부

석을 얼떨결에 삼켜버렸는데, 알고 보니 그게 부석이 아니라 1715년에 사망한 루이 14세의 150년 된 쪼글쪼글한 심장이었다는 이야기입니다.

두 번째 설은 여행 작가인 어거스트 헤어가 쓴 『내 삶의 이야기』에 나오는 내용입니다. 그에 따르면 은 상자에 담겨 있던 루이 14세의 심장을 빤히 바라보던 버클랜드가 "내가 살면서 특이한 것들을 참 많이 먹어봤지만 왕의 심장은 먹어본 적이 없었지!"라고 말하고는 누가 말릴 새도 없이 심장을 덥석 집어 입에 넣고는 꿀떡 삼켜버렸다고 합니다.

또 다른 이야기로는 루이 14세의 심장을 구매한 버클랜드가 이 심장을 와인에 재워 불 위에서 천천히 구워 저녁식사로 먹었다고 합니다. 조금 질기다는 평을 남기며 말이죠. 아버지 윌리엄 버클랜드 못지않게 특이하여 동물이란 동물은 모두 수집했던 그의 아들 프랜시스가 먹은 것이라는 이야기도 있고요! 누가 먹었든 루이 14세의 심장은 뱃속으로 들어가긴 들어간 모양이죠!

예의와 상식에 조금이라도 어긋나는 것이라면 깃털이 뒤집힌 새 마냥 기겁하던 빅토리아 시대 사람들이 왜 버클랜드 가문 사람들만 보면 기절하려 했는지 이해가 되는 일화들이죠?

윌리엄 버클랜드는 1856년 8월 14일에 73살의 나이로 세상을 떠났습니다. 버클랜드는 평소 자녀들과 함께 아름다운 노을을 바라보러 가곤 했던 옥스퍼드셔의 아이슬립 지역 교회에 꼭 묻어달라

남편과 아내, 식탁 밑의 어린 아들까지, 온 가족이 동물학에 푹 빠져 있었던 버클랜드 가족.

는 유언을 남겼고, 유언대로 그곳에 묻혔습니다. 눈물을 흘리며 남편과 아버지를 떠나보내려던 유족은 버클랜드 특유의 재치를 마지막으로 한 번 더 경험하게 되었습니다. 무덤을 파던 일꾼들이 얼마 파들어가지도 않은 상황에서 무덤 자리가 석회암으로 뒤덮여 있는 것을 깨닫고 잠시 무덤 파는 일을 중지하고 땅을 폭파해야 했기 때문입니다. 이 석회암은 쥐라기 시대의 것으로, 평생동안 화석을 연구했던 버클랜드는 아마도 이곳이 쥐라기 시대의 석회암으로 뒤덮여 있는 것을 뻔히 알면서 일부러 무덤 자리로 고른 것으로 추측됩니다.

오늘날에도 웨스트민스터 사원의 남쪽 복도에는 윌리엄 버클랜

드의 자녀들이 웨스트민스터의 주임 사제이자 지질학자이자 광물

학자였던 아버지를 기리며 세운 석상이 놓여 있답니다.

11. 황후의 오랑우탄

— 나폴레옹의 부인 조제핀이 사랑한 성 말메종의 식물과 동물들

"난 전쟁의 승리를 쟁취하지만 조제핀은 사람들의 사랑을 쟁취한다."

영국 아이들은 이름만 들어도 울음을 그친다는 나폴레옹이 어느 날 서류를 손에 들고 부들부들 떨며 화를 냈습니다. 그가 그토록 화를 낸 이유는 바로 그가 원정을 나가 있던 사이에 너무나 사랑하는 아내 조제핀이 무려 성을 한 채 사버렸기 때문이었죠. 성 한 채라니 씀씀이가 대단하죠. 그렇잖아도 고급품들을 좋아하여 사치를 많이 했기 때문에 나폴레옹의 속을 썩이곤 했다는 조제핀이 이번에 사들인 성의 이름은 말메종으로, 파리에서 11킬로미터 정도 떨어진 근교에 위치해 있었습니다. 말메종은 이전에는 한 은행가의 소유였으나 1799년 조제핀이 구입하면서 나폴레옹의 것이 되었습니다.

프랑스 화가 자크 루이 다비드가 3년에 걸쳐 그린 「나폴레옹의 대관식」. 황후가 되는 조제핀에게 나폴레옹이 왕관을 씌워주고 있다.

집을 샀으니 입맛에 맞게 안팎으로 공사를 해줘야 하겠죠? 그 일을 위해 2명의 건축가가 고용되었습니다. 평범했던 성을 이제는 나폴레옹과 조제핀이라는 프랑스에서 손꼽히는 인물들을 위한 집으로 바꾸라는 특명을 받은 두 건축가의 이름은 샤를 페르시에와 피에르 퐁텐이었습니다. 이들은 전통적이면서도 이국적인 스타일로 집을 꾸미게 되었는데, 이것이 바로 훗날 나폴레옹 통치 시대를 정의하는 제정양식(帝政樣式)의 최초 예시가 되었습니다. 건물한 동을 완전히 부수고 새로 지을 정도로 어마어마한 공사였으니

정복자 나폴레옹의 마음을
정복한 여인, 조제핀.

당시 공사비를 지불해야 했던 나폴레옹 입장에서는 속이 다 쓰렸 겠지만 후대의 우리에겐 눈이 즐거운 유산이 되었네요.

사교계의 여왕이었던 조제핀은 말메종을 완벽한 접대 공간으로 바꿔놓았습니다. 성은 그녀가 그동안 모아둔 엄청난 양의 예술품 과 가구로 장식되었고, 머나먼 나라들에서 들여온 색다른 식물과 조류를 모아둔 온실, 여름 별장, 사랑의 신전, 포도밭, 숲, 들판, 그 리고 조제핀이 가장 사랑했다는 장미 정원 등 각양각색의 시설들 이 즐비했습니다. 여러 학문에 관심이 많아 조제핀의 식물들과 동 물 수집에도 관대했던 나폴레옹도 공사비에는 속이 쓰렸는지 종 종 건물을 비판하고는 했습니다. 그중 커다랗고 호화로우며 군 사 령관의 천막을 닮은 천막 방을 두고는 서커스단 동물들이 살 것 같 다고 평가하기도 했죠.

특히 식물을 무척 좋아했던 조제핀은 무려 250여 종의 장미를 키 워내어 프랑스에 장미를 유행시켰으며 장미 정원에서 키운 꽃과 씨앗을 유럽 각지의 주요 인사들과 나누며 교류하고 머나먼 중동 이나 호주에서까지 색다른 식물과 동물을 수집해 오고는 했습니 다. 나폴레옹이 전쟁을 하러 외국에 가면, 그곳이 오스트리아든 이 집트이든 그 나라의 독특한 식물은 무조건 조제핀의 말메종으로 실려왔습니다. 조제핀이 원하는 귀한 나무 한 그루를 영국에서 가 져오기 위해 영국과 전쟁을 벌이던 와중에도 나폴레옹이 배를 따 로 띄우기도 했다고 하니 대단하지요. 덕분에 조제핀의 정원에서는 유럽 최초로 수입된 식물들이 자라나고는 했습니다.

색다른 식물들을 끊임없이 수집했던 조제핀은 꽃 한 송이에 무려 3,000프랑이나 지불하기도 했고 자기만의 새로운 식물을 만들어내기도 했습니다. 파리의 신사 숙녀들은 조제핀의 멋진 정원을 구경하기 위해 참새가 방앗간 찾듯 몰려들었습니다. 조제핀은 자신의 정원을 무척 자랑스러워하며 세상에서 가장 아름다운 곳이라고 자랑하곤 했죠. 식물을 너무 사랑했던 조제핀은 종종 식물 이야기에 푹 빠져서 주변 사람들이 자기 이야기를 지겨워하는 것도 눈치 채지 못하곤 했습니다. 조제핀의 한 말동무가 쓴 회고록에도 이런 점이 기록되어 있습니다.

"날씨가 좋을 때면 온실을 확인하러 나가곤 했다. 매일 같은 길을 산책하면서 똑같은 주제로 계속 이야기했고 결국 주제는 식물학으로 이어졌다. 그 흥미로운 학문에 대한 마마의 취향과 그분의 놀라운 기억력 덕분에 마마께서는 모든 식물의 이름을 하나하나 다 읊어내셨다. 즉, 똑같은 문장이 계속해서 반복되었다. 똑같은 산책로에서 똑같이 반복되는 상황이라 금세 지루하고 피곤해지곤 했다. 처음 보았을 때는 감탄하며 너무나 걷고 싶었던 산책로였지만 이제는 쏟아지는 하품을 참기 어려울 정도가 되었다." 주12

나폴레옹의 명으로 호주를 탐험하고 돌아
온 탐험가 니콜라 보댕.

　아내와 마찬가지로 식물, 동물, 광물에 이르기까지 여러 분야에
관심이 많았던 나폴레옹은 이집트 원정을 갈 때 무려 143명의 식
물학자, 동물학자, 광물학자, 지리학자들을 대동하기도 했습니다.
그런가 하면 1800년에는 탐험가 니콜라 보댕에게 호주를 탐험하
고 올 것을 명했습니다. 바빠서 자신이 직접 갈 수 없었기 때문이
었죠.

　나폴레옹은 보댕을 보내면서 호주에서 온 것이라면 뭐든지 좋
아하는 아내를 위해 호주의 동식물도 바리바리 챙겨오라고 했습
니다. 명을 받은 보댕은 조제핀을 위해 호주에서 어마어마한 양의

동식물을 살아 있는 채로 데려왔습니다(당시 기술로 호주에서 프랑스까지 무려 반년이라는 긴 여행 동안 기후가 계속 바뀌는 좁은 배 안에서 동물과 식물을 산 채로 유지시켰다는 건 그 자체로 놀라운 일이 아닐 수 없습니다). 호주에만 있는 신기한 것이라면 최소 하나씩은 다 가져오라는 말에 와인에 적신 빵만 먹으며 반년을 좁은 배 안에 갇혀 살아야 했던 동물들과 200여 종의 식물은 힘겨운 여행 끝에 프랑스에 도착해 말메종에 자리 잡게 되었습니다. 그와 더불어 보댕이 가져온 호주 원주민들의 창과 방패까지 장식된 말메종은 그야말로 '리틀 호주'가 되어 있었죠.

그 밖에도 말메종에는 오늘날의 동물원만큼이나 각양각색의 동물들이 살았습니다. 아라비아어로 '세상에서 제일 큰 새'를 뜻하는 이름의 에뮤, 중국에서 온 금계, 스위스에서 온 알프스 산양, 페루에서 온 라마, 호주에서 온 캥거루라든지, 타조, 하늘다람쥐, 얼룩말, '보나파르트!'라는 말을 계속, 계속, 계~속 반복했다는 대형 코카투 앵무새, 조제핀이 무척이나 아꼈다는 흑고니, 스페인 왕이 선물한 메리노 양 500마리, 약 300프랑을 주고 데려온 바다표범, 튀니지 장관이 보낸 사자 등 셀 수 없을 정도였죠. 게다가 사자와 같은 육식 동물들이나 새들을 제외한 나머지 동물들은 자유롭게 성의 마당을 배회하며 분수에서 물을 마시고 정원에서 잠을 청하곤 했습니다. 손님들은 정원을 산책하다가 라마를 쓰다듬고 얼룩말을 구경할 수 있었죠.

나폴레옹은 투덜거리면서도 조제핀이 원하는 것이라면 무엇이든 구해다 주었다. 설령 전쟁 중에 나무 한 그루를 가져오는 일일지라도.

그렇다고 말메종이 순전히 상류층의 즐거움만을 위해 장식된 것은 아니었습니다. 조제핀의 목장에서는 우유, 크림, 버터가 생산되었고 메리노 양의 털과 새끼 양은 판매되었으며 조제핀은 자신의 수집품들이 프랑스의 자연과학 발전에 도움이 되도록 후원을 아끼지 않았습니다. 당시 프랑스 내무부 장관은 조제핀에게 편지를 보내 감사를 표하기도 했습니다.

　　"자연과학에 대한 관심에 감사드립니다, 마담. 부인의 관
　　심이 자연과학의 발전에 일조하고 있으니 자연과학자들을
　　대신하여 감사의 말씀을 드립니다." [주13]

이집트에서 나폴레옹이 데려왔다는 가젤은 나폴레옹의 관심을 많이 받았으며 종종 나폴레옹이 주는 담배를 받아먹곤 했습니다. 순식간에 담배 한 상자를 삼켜버리곤 했다고 하네요.

간혹 나폴레옹이 서재에서 창밖으로 총을 쏘고는 했는데, 총 못 쏘기로 유명한 나폴레옹이었지만 그래도 불안했던지 조제핀은 부디 흑고니만은 쏘지 말라고 간곡히 부탁하기도 했답니다. 그럴 만도 한 것이, 흑고니는 조제핀이 키우던 모든 동물 가운데 가장 희귀한 동물이었기에 수많은 상류층 사람들이 이 흑고니를 구경하러 오곤 했습니다. 얼마나 흑고니를 애지중지했던지, 조제핀은 세계 최초로 사육 중인 흑고니의 번식을 성공시키기도 했습니다.

오늘날의 말메종.

　하지만 이 중에서도 조제핀이 가장 아꼈던 동물은 보르네오 섬에서 온 어린 암컷 오랑우탄이었습니다. 오랑우탄 최초로 프랑스에 살게 된 이 동물이 무척 마음에 들었던 조제핀은 이 오랑우탄에게 자기 이름이었던 로즈라는 이름을 붙여주었죠(조제핀의 본명은 마리-조제프 로즈이고 본래 로즈라고 불렸으나 나폴레옹과 연애를 시작한 이후에는 나폴레옹이 붙여준 조제핀이라는 이름을 쓰게 되었거든요).

　오랑우탄 로즈는 항상 완벽하게 옷을 차려입고 성 안을 돌아다녔습니다. 얼마 지나지 않아 고양이 2마리와도 친구가 되었고 손님이 오면 자리에서 일어났으며 사람들이 보는 앞에서 다리가 드러나면 수줍게 옷으로 다시 가리곤 했습니다. 또 식사 예절은 어찌나 좋았는지 늘 사람들과 함께 식탁에서 포크와 나이프를 사용하여 순무를 먹곤 했습니다. 하얀 슈미즈 드레스를 입은 이 귀여운 오랑우탄은 심지어 밤에는 조제핀의 침대에서 함께 잠을 잤다고 합니다. 나폴레옹은 어린 오랑우탄과 한 침대를 쓰는 걸 좋아했을까요?

당시 약 10개월 정도의 나이였을 것으로 추측되었던 로즈는 아주 영리해서, 원하는 것이 있을 때 울음을 터트렸다가 주위 사람들의 반응을 보고는 더 울지 말지를 결정했다고도 합니다. 아직 어렸기 때문인지 계속해서 누군가에게 안겨 젖을 먹고 싶어 했기 때문에 조제핀은 처음에는 로즈를 위해 유모를 붙여주기도 했고 염소를 주기도 했지만 로즈는 둘 다 거부했습니다.

모두의 관심과 사랑을 듬뿍 받으며 오래 살았으면 좋았으련만, 아무래도 야생의 오랑우탄을 데려와 서툴게 키웠기 때문인지 로즈는 장염으로 인해 1년도 채 되지 않아 세상을 떠나고 말았습니다. 슬퍼하던 조제핀은 과학 발전에 도움이 되길 바란다며 로즈의 사체를 자연박물관에 기증하였습니다.

파인애플이 자라는 온실에서부터 알프스 소녀 차림의 우유 짜는 직원들과 특별히 예쁜 암소만 모여 있는 목장에 이르기까지 조제핀의 관리 아래 접객부터 숙박, 회의, 유흥 등 모든 것이 가능했던 말메종 성은 나폴레옹의 거처였을 뿐 아니라 황제의 궁이자 정부 기관 역할까지 겸했습니다. 훗날 나폴레옹은 조제핀과 이혼할 때 500만 프랑의 연금과 함께 말메종을 그녀의 것으로 남겨주었습니다. 이후 조제핀은 자신이 그토록 사랑했던 말메종에서 남은 평생을 살다가 1814년에 50살의 나이로 숨을 거두었답니다.

12. 해적의 어깨 위에서

– 예전부터 큰 사랑을 받았던 값비싼 애완동물, 앵무새 이야기

해적이라는 단어를 들으면 어떤 모습이 떠오르시나요? 저는 머리에는 두건을 두르고 삼각형의 모자를 쓴, 검은 수염의 할아버지가 떠오릅니다. 파란만장한 삶을 살아온 증거로 검은 안대를 차고 있거나 한쪽 손을 잃어 갈고리 손을, 또는 한쪽 다리를 잃어 나무 의족을 차고 있기도 하죠. 그리고 물론, 어깨 위에는 화려한 깃털을 자랑하는 앵무새가 앉아 있을 겁니다.

왜 우리는 해적을 생각할 때 당연하다는 듯이 앵무새를 떠올리게 되었을까요? 이 모든 것은 로버트 루이스 스티븐슨이 1883년에 쓴 유명한 소설 『보물섬』에 등장하는 세상에서 가장 유명한 해적인 롱 존 실버의 엄청난 인기에서 비롯되었습니다. 악당이면서도 독자들에게 사랑받는 등장인물인 롱 존 실버는 오늘날까지도 남

어깨 위에 앵무새를 올린 거친 해적의 모습은 『보물섬』의 등장인물인 롱 존 실버에서 유래되었다.

아 있는 해적 이미지의 전형을 처음으로 만들어냈습니다. 삼각모, 앵무새, 럼주, 외다리, 검은 바탕에 해골 머리와 X자로 뼈가 교차된 그림의 깃발 등이죠.

하지만 실제 유럽의 해적들과 롱 존 실버의 모습은 아주 달랐다고 하는데요. 과연 앵무새는 정말로 해적들의 어깨 위에서 바다를 항해하고 다녔을까요? 정답은 네, 사실입니다!

그렇다면 해적들은 왜 앵무새를 어깨 위에 올리고 다녔던 걸까요? 여기에는 여러 이유가 있답니다. 첫 번째 이유는 앵무새가 기념품이었기 때문이었죠. '기념품'이라는 말이 참 불편하게 들리지만, 동물 복지에 관한 관심이 사실상 전무했던 옛날, 고향인 유럽을 떠나 길고 긴 항해의 끝에 중남미(특히 벨리즈)나 아프리카에 도착한 해적들과 탐험가들은 이렇게 먼 곳까지 왔다는 증거이자 기념으로 앵무새나 원숭이처럼 이국적인 동물들을 고향으로 함께 데려가곤 했습니다.

앵무새는 사방을 돌아다니며 말썽을 부리는 원숭이보다 관리하기도 쉽고 게다가 말도 할 줄 아니 외로움을 달래기에 딱 맞았다고 해요.

하지만 그렇다고 모든 앵무새를 친구로 생각했느냐 하면 그렇지만도 않았습니다. 필요하다면 앵무새는 언제든 뱃속으로 들어갈 수 있는 훌륭한 식량이 되었죠. 영국의 해적이자 탐험가였던 윌리엄 댐피어(1651~1715)가 출간한 『새로운 세계일주여행』이나 그

『보물섬』의 최고 인기 캐릭터가 된 롱 존 실버.

의 사후인 1729년에 출간된 문집을 보면 다음과 같은 구절이 있습
니다.

"그리고 우리 중 몇은 매일 숲속으로 들어가 뭐가 됐든 사

낭을 했다. 가끔은 (중략) 사슴을, 통통한 원숭이를 쫓거나 비둘기, 앵무새, 멧비둘기, 커다란 새들을 잡았다. 우린 이렇게 잡은 것을 먹으며 꽤 잘 살았다." [주14]

"(남미에는) 다양한 앵무새들이 있다. 몇은 파랗고 몇은 초록색이며 자메이카에서 본 것과 같은 크기와 형태이다. 종류가 꽤 많은데, 이들은 전부 훌륭한 식량이다.

여기에는 잉꼬 새도 많다. 대부분은 초록색이며 다른 곳들과 마찬가지로 인기가 많다. 앵무새와는 잘 섞이지 않으며 자기들끼리 많이 모여 날아오르곤 한다.

마코 앵무새도 다양하다. 앵무새와는 비슷하게 생겼지만, 그중 가장 큰 종이다. 매와 닮은 부리에 기다란 2~3개의 깃털이 달린 풍성한 꼬리가 있으며 전부 빨갛거나 파란색이다. 온몸의 깃털은 아주 선명하고 사랑스러운 파란색, 초록색, 빨간색이 섞여 있다." [주15]

마지막으로 앵무새나 잉꼬, 원숭이 등 이국적인 동물들을 어깨에 얹어 데리고 왔던 이유는 돈이 되었기 때문입니다. 당시 유럽에서 이런 화려한 앵무새들은 아주 인기가 높았기 때문에 앵무새를 여러 마리 잡아서 유럽으로 건강하게 데려갈 수만 있다면 꽤 짭짤한 수입원이 되었습니다.

브라질 나타우의 동굴에서 발견된 3,000~5,000년쯤 된 마코 앵무 벽화.

그렇다면 앵무새는 어느 정도로 인기가 많은 동물이었을까요? 화려한 색감에 사람의 말을 잘 따라하는 재주 많은 새라니 누구나 갖고 싶어 할 만하죠. 그렇기 때문인지 여러 앵무새의 고향인 지역들에선 아주 오래전부터 앵무새를 가까이 두고 길러왔습니다. 그 예로 브라질의 나타우 근처 동굴에서는 3,000~5,000년쯤 된 것으로 추측되는 마코 앵무의 벽화가 발견되기도 했죠.

앵무새와 관련해 알려진 사례 중 가장 오래된 것은 알렉산더 대왕의 앵무새입니다. 기원전 327년, 페르시아를 정복하고 인도에 들른 알렉산더 대왕은 고향으로 돌아오며 온갖 금은보화를 가지고 왔습니다. 하지만 그중에서도 가장 눈에 띈 것은 아주 화려하고도 신기한 새 한 마리였죠.

"약 450여 년 후 알렉산더 대왕의 전기를 쓴 아리아노스는 (알렉산더 대왕의 앵무새에 대해) 다음과 같이 말했다. '알렉산더 대왕의 친구이자 함대 사령관인 네아르쿠스는 앵무새를 인도에서 발견한 기적적인 무언가로 묘사하며 인간의 말을 어떻게 따라하는지 설명했다. 하지만 나는 이미 여러 마리의 앵무새를 보았고 이 새를 본 적 있는 이들을 알고 있으므로 여기선 중요하게 다루지 않겠다.' (중략) 네아르쿠스의 앵무새 목격담은 사라졌지만, 앵무새를 다루는 아리아노스의 태도만 봐도 놀라움을 끌어냈던 존재는 이미 지루한 주제가 되어버렸음을 알 수 있다. 기원전 4세기의 그리스인에게는 기적과도 같았던 것이 2세기 로마 시민에게는 평범한 일상이 되어버린 것이다." [주16]

당시 알렉산더 대왕이 데려온 것은 목에 검고 붉은 줄무늬가 있는 초록색 깃털과 붉은 부리의 앵무새였습니다. 우리나라에서는 대본청 앵무라고도 하는 이 새의 이름은 알렉산더가 데려온 덕분에 알렉산더 앵무입니다.

알렉산더 대왕이 이 예쁜 새를 데려온 후, 고대 그리스와 로마에서는 앵무새 키우기가 대대적으로 유행하게 되었습니다. 그와 더불어 앵무새에게 말을 가르치는 법에 대한 잘못된 지식도 널리 퍼졌죠. 고대 로마의 박물학자였던 대(大)플리니우스가 77~79년에 출간한 『박물지』를 보면 앵무새에게 말을 가르치는 방법이 나오는데, 오늘날 새를 키우는 분들이 보면 경악할 만한 내용이 태연하게 적혀 있어 흥미롭습니다.

1836년에 그려진 알렉산더 앵무.

"가장 놀라운 것은 인간의 목소리를 따라하는 새들이다. 앵무새는 심지어 말도 한다. 인도에서는 인도어로 십탁스라고 하는 앵무새들을 보내온다. 앵무새의 몸은 녹색이지만 목에 두른 빨간 줄무늬가 도드라진다. 이 새는 주인을 반기고 들리는 소리를 따라하며 특히 술을 먹이면 아주 재밌어진다. 새의 머리와 부리는 똑같이 단단하므로 말을 가르칠 때는 쇠막대기로 때린다. 이렇게 하지 않으면 맞는다는 걸 느끼지 못하기 때문이다." [주17]

왕족과 귀족 등 부유층 사이에서는 앵무새를 키우는 것이 지속적으로 유행했고 이 유행은 지역을 가리지 않고 널리 퍼졌습니다. 심지어 성애에 관한 책으로 유명한 인도의 문헌인 『카마수트라』에도 앵무새와 관련된 내용이 나온답니다. 4세기 무렵에 『카마수트라』를 쓴 저자 바츠야야나는 64가지 필수 교양을 나열하였는데, 이 중에는 노래, 악기, 춤, 바느질, 수수께끼, 목공예, 수화, 외국어, 예의범절 등과 더불어 앵무새와 찌르레기(사람 목소리를 흉내 낼 줄 알아요!)에게 말 가르치기가 들어 있죠.

1418년, 교황 마르티누스 5세는 자신이 키우는 앵무새를 돌보기 위해 일꾼을 둘씩이나 고용했고 영국의 헨리 8세가 키운 회색 앵무는 영국 역사상 최초로 기록된 애완 앵무새입니다. 17세기 영국의 왕이었던 찰스 2세는 동인도회사로부터 거꾸로 매달려 잠을 자는 셀레베스 사탕 앵무, 화려한 로리키트, 커다란 화식조 등 이국적인 새들이 잔뜩 들어 있는 커다란 새장을 선물로 받기도 했습니다. 이 새장은 영국에서 가장 오래된 공원이자 오늘날에도 새가 많은 세인트 제임스 공원에 놓여 있었죠.

심지어 앵무새에게는 아주 성스러운 새라는 이미지도 있었습니다. 굳이 말을 가르치지 않아도 '아베(Ave)'라는 말은 할 줄 안다고 믿었는데, 이는 대천사 가브리엘이 성모 마리아에게 인사를 건넬 때 했던 말인 '아베 마리아'의 아베이므로 앵무새는 성모 마리아처럼 순결하고 고결한 신의 사자라는 것이었습니다. 이런 이유 때

성모 마리아와 예수, 그리고 '성스러운 새'인 앵무새를 그린 그림들.

문에 성모 마리아를 그린 그림에는 종종 앵무새가 함께 등장하기
도 합니다.

　루이 14세 때부터 베르사유 궁에서도 앵무새는 원숭이와 더불
어 아주 인기가 많은 동물이었습니다. 남들이 데리고 다니는 개보
다도 독특하면서도 코끼리나 기린처럼 큰 공간을 차지하지도 않
고, 사자나 호랑이와는 달리 데리고 다니며 자랑하기 좋았기 때문

이었죠. 비록 제대로 관리 받지 못해 가구를 망가트리고 사람을 물고 시끄럽게 울며 우울해하는 앵무새들을 잘 돌볼 줄 몰라 새도 사람도 고통받는 경우도 적지 않았지만요.

특히 루이 15세의 마지막 애첩이었던 마담 뒤바리의 경우, 앵무새를 여러 마리 키웠습니다(물론 그뿐만이 아니라 하얀 원숭이와 스웨

루이 15세의 마지막 애첩이었던 마담 뒤바리의 화려한 새장.

덴 왕자가 선물로 준 다이아몬드 목걸이를 한 개도 키웠죠). 그중 가장 유명한 앵무새는 칠흑같이 새까만 깃털을 자랑하던 새로, 마담 뒤바리가 방에 들어오기만 하면 "저기 예쁜 숙녀가 지나가네요!"라고 외치곤 했습니다. 루이 15세가 죽고 난 뒤, 마담 뒤바리는 베르사유를 떠날 때 이 새를 데리고 갔습니다.

앵무새가 다른 새들과 다른 점이 있다면 말을 할 줄 안다는 것이 가장 크겠지만, 앵무새 가격이 다른 새들보다 훨씬 비쌌던 가장 큰 이유는 인위적인 번식이 불가능했기 때문이었습니다. 19세기 이전에는 새장에 가둔 앵무새를 번식에 성공시킨 사례는 아주 소수

18세기에 가장 유행했던 애완동물인 코카투와 원숭이.

었고, 그래서 모든 앵무새는 아프리카나 남미 대륙에서 데려온 것
이었죠. 그런데도 앵무새를 키우고 싶어 하는 사람들의 수는 줄어
들지 않았습니다. 수요는 많은데 공급은 적으니 당연하게도 가격
은 비싸졌습니다.

애교가 많은 새와 함께 있노라면 시간이 가는 줄도 몰랐을 것이다.

앵무새는 외로움을 달래주는 소중한 친구였다.

19세기 화가 이그나시오 레온 이 에스코수라가 그린 「무례한 앵무새」(1876).

    앵무새를 키우는 사람들이 늘어날수록 앵무새의 종류에 대한
자세한 설명은 줄어들었습니다. 굳이 상세히 설명하지 않아도 종
류명만 있으면 무슨 새인지 알 수 있을 정도로 앵무새에 대한 대중
의 지식이 늘었다고 볼 수 있겠죠.

    이 시절에 가장 많이 팔렸던 앵무새의 종류는 아프리카 전역에
서 볼 수 있는 회색 앵무, 노랑 연두색의 깃털이 화려한 아마존 앵
무, 앞서 얘기한 댐피어의 책에도 나오는 마코 앵무, 하얀 몸에 노

17세기 네덜란드의 풍속화가 얀 스테인이 1665년 무렵에 그린 「앵무새 새장」.

란 볏이 있는 종이 가장 유명한 코카투(총 21종이 있어요) 등이 있었습니다.

앵무새를 팔고 싶었던 사람들은 앵무새의 종이나 출신지뿐만 아니라 앵무새의 능력을 자세히 적기도 했습니다. 보통 새끼일수록 가격이 높을 거라고 생각하지만 당시 앵무새를 키우는 목적이 말하는 모습을 보고 즐기고, 남에게 자랑하기 위함이었기 때문에 오히려 말을 잘하는 어른 앵무새가 훨씬 더 비쌌습니다. 그 예로 오른쪽 표를 보면 이제 갓 말하기 시작한 앵무새는 48리브르이지만 말을 잘하는 예쁜 앵무새는 960리브르나 하는 걸 볼 수 있죠. 그래서 가격을 올리고 싶었던 사람들은 앵무새가 할 줄 아는 언어의 종류까지 적어두기도 했습니다. 프랑스어와 스페인어, 프랑스어와 포르투갈어 등이죠. 새가 외국어도 구사한다니, 밀리는 기분인걸요.

이 시기에도 앵무새에게 말을 가르치는 방법은 쇠막대기로 머리를 때리는 것보다는 약간 발전하긴 있지만, 여전히 사용해서는 안 되는 방법이기는 마찬가지였습니다.

"앵무새는 집안에 애정과 웃음과 독특함을 가져다주었다. 물론 그 재미 중 하나는 앵무새에게 말을 가르치는 것이었다. 어느 애완동물 설명서에서는 앵무새에게 말을 가르치는 법에 관해 설명하고 있다.

18세기 애완동물 판매 가격표

가격 (단위: 리브르)	설명	날짜
48	르아브르에서 갓 도착한 어린 아마존 앵무 말하기 시작하는 중	1788년 12월 27일
72	예쁜 앵무, 말을 매우 잘함, 새장 포함	1790년 3월 13일
72	아름다운 파라킷, 목에 분홍 검정 줄무늬	1784년 11월 24일
96	예쁜 회색 앵무, 말하기 시작함	1780년 3월 10일
96	어린 회색 앵무, 말과 휘파람을 잘함 개와 고양이 흉내를 잘 냄	1789년 12월 6일
96	아름다운 세네갈 파라킷 매우 순함, 목의 색깔이 아주 예쁨	1788년 7월 19일
96	어리고 예쁜 카푸친 원숭이	1787년 12월 20일
96	하늘다람쥐, 사육장 포함	1785년 5월 30일
100	아름다운 파랑 노랑 코카투, 말을 잘함	1787년 10월 9일
120	어린 아마존 앵무, 말을 잘함	1787년 10월 2일
144	아름다운 초록 앵무, 노랑 빨강 무늬, 말과 노래를 아주 잘함	1787년 12월 8일
192	아주 어리고 대단히 순한 작은 원숭이	1789년 2월 7일
240	아름다운 앵무, 말과 노래를 잘함	1785년 11월 26일
240	아주 선명하고 다양한 색상의 예쁜 15개월짜리 파라킷	1786년 1월 7일
360	인도에서 온 검은 목 줄무늬의 예쁜 초록 파라킷 6살, 매우 순하고 말을 잘함	1784년 3월 6일
720	초록빛깔에 검은 머리 얼룩이 있는 예쁜 거미원숭이, 3살 (아름다운 망토나 반지와 교환 의사 있음)	1788년 6월 5일
720	노래 잘하고 말도 잘하는 파라킷	1778년 12월 20일
960	말을 잘하는 예쁜 파라킷	1781년 12월 29일

이 시절, 남들에게 자랑하려면 재주 부리는 앵무새가 제격이었다.

수업은 저녁, 매일 같은 시간에 해야 하고 수업을 하기 전, 포도주에 적신 빵을 주어야 한다. 새장 위에 천을 씌워놓고 불을 낮춘 뒤, 새가 배웠으면 하는 단어를 반복한다. 그 후 불을 밝게 켜고, 앵무새 앞에 거울을 세워둔 뒤 말을 한다. 그러면 다른 앵무새가 말을 한다고 생각할 것이다." [주18]

이처럼 고대에는 왕이 키우던 아주 희귀한 동물이었던 앵무새는 시간이 지날수록 귀족과 부르주아를 거쳐 일반 시민들도 아끼는 동물이 되었습니다. 우리나라에서도 앵무새, 잉꼬새 등은 많은 사람이 사랑하는 반려동물로 자리 잡았죠.

13. 마드모아젤 클라라, 유럽에 가다

– 인도에서 온 코뿔소 아가씨의 파란만장 여행기

18세기 프랑스, 언제나 새로운 유행을 좇던 사람들은 파리에 나타난 색다른 센세이션에 환호성을 질렀습니다. 묵직한 몸, 기름을 바른 피부, 큼직한 뿔과 다정한 눈망울을 가진 마드모아젤 클라라는 유럽을 17년간 여행하며 유럽인들의 마음을 뒤흔들어 놓은 코뿔소입니다.

클라라는 1738년에 인도의 아삼 지역에서 태어났습니다. 아삼 홍차가 유래한 지역이죠. 처음으로 인간에게 발견되었을 때, 클라라는 고작 한 달 된 아가였습니다. 클라라의 엄마는 인도의 사냥꾼들에게 살해되었고 클라라는 네덜란드 동인도회사의 임원이었던 얀 알베르트 지히터만에게 입양되었습니다.

지히터만은 생각보다 클라라를 잘 길렀습니다. 한 달밖에 안 된 어린 나이에 사람들의 손에서 길러지다 보니 클라라는 금세 사람에게 적응하였죠. 지히터만은 클라라를 인도 동부의 캘커타에 위치한 집에서 길렀는데, 초반에야 아기 코뿔소가 집안을 뿔뿔거리고 돌아다니면 귀여웠겠지만 얼마 지나지 않아 클라라는 정원에서 키우기에도 너무 커지고야 말았습니다. 그도 그럴 것이 클라라는 아시아에 서식하는 세 종류의 코뿔소 가운데 가장 큰 인도코뿔소였거든요. 인도코뿔소는 몸높이 1.9미터, 길이 3.8미터, 무게는 2.7톤까지 나가는 거대한 동물입니다.

그래서 지히터만은 클라라를 〈크나펜호프〉호의 선장 판 데르 메이르에게 선물로 주었습니다(또는 팔았다고도 합니다). 아기 때부터 자신을 키워준 사람을 떠나야 했던 클라라는 상황이 잘 이해되지 않았겠지만, 그나마 다행히도 새로운 주인은 (비록 클라라를 이용하긴 했지만) 클라라가 죽는 날까지 애지중지 돌보았습니다.

판 데르 메이르 선장은 유럽 사람들이 아시아의 동물에 얼마나 무지한지 잘 알고 있었기 때문에 클라라를 보여주고 돈을 벌 생각이었습니다. 그렇게 클라라의 유럽 순회가 시작되었습니다.

클라라가 처음으로 유럽 땅에 발을 디딘 날은 1741년 7월 22일, 장소는 네덜란드의 로테르담이었습니다. 그 뒤로 클라라는 17년 동안 네덜란드 공화국, 보헤미아 왕국, 스위스, 폴란드, 프랑스, 양시칠리아왕국, 신성로마제국, 덴마크, 영국 등지를 순회하며 지냈습니다. 그리고 그 과정에서 프로이센의 프리드리히 내왕, 신성로마제국의 프란시스 1세와 마리아 테레지아 황후, 폴란드-리투아니아 연방의 국왕인 아우구스트 3세, 헤센카셀 방백국의 프리드리히 2세, 프랑스의 루이 15세 등등 쟁쟁한 권력자들을 만나기도 했습니다.

당시에 살아 있는 코뿔소를 보는 것은 굉장히 놀라운 일이었습니다. 대부분의 사람들이 태어난 마을을 평생 벗어나지 않았던 시절에 직접 인도나 아프리카로 가지 않는 이상, 살아 있는 코뿔소를 보기란 하늘의 별 따기만큼 어려웠습니다. 우리에게 있어서는 매머드나 공룡을 실제로 보는 것과 비슷한 충격이었던 셈입니다. 로마 제국의 멸망 이후, 유럽에 그림으로나마 알려진 코뿔소는 클라라를 포함해 고작 5마리밖에 되지 않았습니다.

오른쪽 그림은 르네상스 시대를 대표하는 화가인 알브레히트 뒤러가 1515년에 남긴 코뿔소 목판화입니다. 이 코뿔소의 실제 모델은 포르투갈의 왕 마누엘 1세가 교황 레오 10세에게 선물로 보냈던 코뿔소입니다. 안타깝게도 그림 속의 코뿔소는 이탈리아로 가던 길에 해안에서 난파를 당해 사망하였죠. 그래서 실물을 보지 못하고 설명만 듣고 그린 뒤러의 그림은 실제 코뿔소의 모습과는 많은 차이가 있습니다. 로마 제국이 멸망한 이후에 살아 있는 코뿔소가 목격된 것은 처음이었으니 만약 살아서 도착했더라면 클라라만큼이나 엄청난 인기를 끌었을 것입니다.

뒤러의 코뿔소는 진짜 코뿔소와는 꽤 차이가 있습니다. 뒤러의

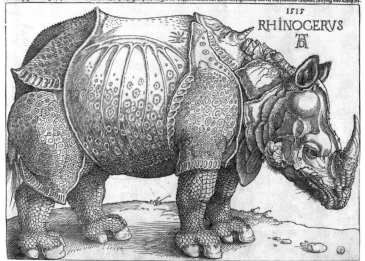

알브레히트 뒤러가 1515년에 그린 코뿔소. 유럽 사람들은 이 그림 덕분에 18세기 중반에 클라라가 등장하기 전까지 무려 200여 년 동안 코뿔소가 이렇게 생겼다고 믿었다.

코뿔소는 마치 갑옷을 차려입은 듯 딱딱해 보이는 판으로 둘러싸여 있고 엉덩이는 뾰족한데다 등에는 작은 뿔이 있으며 다리는 비늘이 가득하죠.

하지만 진짜 코뿔소를 본 사람이 무척 적었기 때문에 뒤러의 그림으로부터 200여 년이 지난 18세기까지도 유럽 사람들은 코뿔소는 이렇게 생긴 동물이라고 생각하였습니다. 클라라를 직접 본 화가들이 그린 그림이 널리 알려지고 나서야 뒤러가 그린 코뿔소 그림의 오류를 깨닫게 되었죠.

그런가 하면 포르투갈의 세바스티앙 1세가 키우고 훗날 스페인의 펠리페 2세에게 1580년에 물려준 암컷 코뿔소인 아바다도 있습니다. 아바다는 왕의 동물원에서 살다가 1588년 무렵에 사망합니다. 오늘날에도 스페인 마드리드의 유명한 푸에르타 델 솔 광장 부근에는 아바다를 기리며 '아바다의 길'이라 이름 붙인 길이 있습니다.

그러니 클라라가 유럽에 도착했을 때, 사람들은 진짜 살아 있는 코뿔소를 보기 위해 구름처럼 몰려들었습니다. 태어난 지 겨우 한 달 만에 엄마를 잃고 사람의 품에서만 자란 클라라는 성격이 온순하고 다정하기로 유명했습니다. 당시 사람들이 보기에 무섭다고 생각했을 생김새와는 달리 수많은 사람이 자기를 쳐다보고 이름을 불러도 공격적으로 돌변하지 않았고, 그래서 더욱 더 인기가 높았습니다. 클라라는 화가들이 자기 곁에 다가와서 그림을 그려도, 다가와서 뿔을 만져도 개의치 않을 정도로 사람에 대한 믿음이 컸습니다.

1749년, 클라라가 프랑스 파리에 도착하자 클라라의 인기는 하늘을 뚫을 지경이었습니다. 드높은 인기에 힘입어 클라라는 베르사유 궁에 있는 루이 15세의 왕실 동물원을 방문하기도 했습니다. 당시 동물학자들은 살아 있는 코뿔소를 자세히 관찰할 기회를 얻어 매우 즐거워했죠.

생 제르망 전시에서 클라라를 보기 위해 몰려든 사람들은 코뿔

소와 사랑에 빠져버렸고, 그때
부터 코뿔소 유행이 시작되었
습니다. 살아생전 다시는 보
기 힘들 동물인 코뿔소를 보
았음을 기념하기 위한 기념
품들이 쏟아졌죠. 당시에는
세상 모든 물건에 코뿔소를 그려
넣거나 조각하는 일이 인기였다고
합니다. 코뿔소 그림, 코뿔소 포스터, 코뿔소 도자기 인형, 코뿔소
동전, 코뿔소 타일, 심지어 클라라에게 영감을 얻은 코뿔소 리본도
등장했죠. 당시 한 부인은 다음과 같이 말했다고 합니다.

클라라 동전.

클라라 시계.

"이 악동 같은 동물은 모든 물
건에 영감을 주었어요. …… 심지
어 코뿔소 갑옷도 만들었답니다.
아마 누군가 서기라든가, 그런 사
람은 코뿔소 클라라에 관한 영웅
시를 쓸지도 모르죠."

루이 15세는 동물 그림을 잘 그리
기로 유명했던 화가 장 밥디스트 오

루이 15세의 의뢰 덕에 그림으로 남은 클라라의 모습. 동물을 잘 그리기로 이름 높았던 장 밥티스트 오드리의 작품이니 클라라의 특징을 잘 포착했을 것으로 추측된다(1749년 파리).

드리에게 클라라를 그릴 것을 명했고, 오드리는 클라라의 모습을 실물 사이즈로 그려냈습니다. 위 그림은 가로 4.56미터, 세로 3.1미터에 이르는 어마어마한 크기로, 2001년까지 대중에 공개되지 않았던 작품입니다.

클라라가 이렇게 오랜 시간 동안 유럽을 건강하게 순회한 것은 당시 동물에 대한 지식 수준을 생각하면 기적에 가까운 일이었습니다. 판 데르 메이르 선장은 클라라에게 필요한 식량이나 관리를 모두 제공해주려고 노력했고, 클라라는 그런대로 제대로 된 음식을 먹고 살 수 있었습니다. 비록 매일 엄청난 양의 맥주도 함께 주기는 했지만요. 그와 더불어 판 데르 메이르 선장은 클라라의 피부가 마르지 않도록 매일같이 클라라의 피부에 생선 기름을 덧발라 주었습니다. 클라라의 이동을 최대한 편하게 하기 위해 클라라 전용 마차를 제작하기도 했죠.

그럼에도 불구하고 갇혀 지내는 클라라의 몸에는 아마도 이상이 생겼을 것으로 추측되는데, 클라라가 1750년에 로마에 도착했을 때, 클라라의 멋진 뿔은 없어진 상태였습니다. 이를 두고 갇혀 지내는 코뿔소에게 흔한 일이라고 하기도 하고, 안전을 위해 누군가가 클라라의 뿔을 잘라낸 것이라고 하기도 합니다. 앞에서 얘기했던 아바다는 클라라보다 훨씬 공격적이었다고 하는데, 그 공격성을 없애기 위해 눈을 멀게 했다는 이야기도 있습니다.

베네치아에서의 클라라를 그린 그림이 있습니다. 158~159쪽 그림이 그것인데요. 로마에서 사라졌던 뿔이 조금씩 자라고 있는 것이 보입니다. 베네치아의 그림은 재미있는 부분이 있습니다. 두 그림은 아주 비슷해 보이지만 자세히 들여다보면 다른 점이 눈에 띕니다. 첫째 줄에 앉은 고급스러운 드레스를 입은 여성의 양 옆에 앉은 남성들은 갑자기 모두 가면을 쓰고 검은 옷을 입었고, 벽에 쓰여 있는 설명은 사라졌습니다. 첫째 줄의 남성 중 가면을 쓰지 않은 유일한 사람은 판 데르 메이르 선장의 조수뿐입니다. 그는 손에 클라라의 뿔을 들고 있는 것 같네요.

18세기 중반 베네치아 최고의 풍속화가였던 피에트로 롱기가 베네치아 카니발 기간에 전시된 클라라를 그린 「코뿔소」. 로마에서 사라진 뿔이 조금씩 자라고 있는 것이 보인다.

피에트로 롱기가 베네치아 카니발 기간에 전시된 클라라를 그린 또 하나의 「코뿔소」.

이 그림을 그린 화가인 피에트로 롱기(1701~1785)는 이렇게 그림에 가면과 검은 옷을 더함으로써 클라라가 등장한 카니발의 분위기를 더욱 도드라지게 표현하고 있습니다. 그림을 자세히 들여다보시면 노란 드레스의 여인은 계속 우리를 쳐다보고 있지만, 여인 양 옆의 남성들은 가면을 쓰기 전과는 달리, 가면을 쓴 후에는 클라라가 아닌 옆의 여인을 뚫어져라 보고 있답니다.

뒷줄의 여인들은 두 그림에서 모두 같은 모습을 하고 있지요. 초록색 천을 두른 여인이 손에 들고, 중간에 있는 여인이 얼굴에 쓰고 있는 까만 것은 가면입니다.

"둘째 줄에는 (첫째 줄처럼) 한 여인이 2명의 관중 사이에 서 있다. 여인은 고정해야 하는 계란형의 검은 가면, 도미노를 쓰고 있다. 이 사이에 물어서 고정해야 하는 이 가면을 쓰고 있으면 말을 할 수가 없다. 여인의 곁에는 나이든 여성이 자신의 도미노 가면을 잠시 벗고 있다. 이 그림을 통해 우리는 코르셋을 바짝 조인 소녀가 성장하면 될 모습을 추측할 수 있다. 아름답게 치장했으나 말이 없는, 첫째 줄에 앉아 남자들의 관심을 받는 젊은 여성처럼 스스로 말할 수 없는 여인, 외모로만 평가받는 여인.

유행을 좇는 도미노를 착용함으로써 베네치아의 여인들은 클라라처럼 말 없는 존재, 클라라처럼 외모로만 평가받는 존

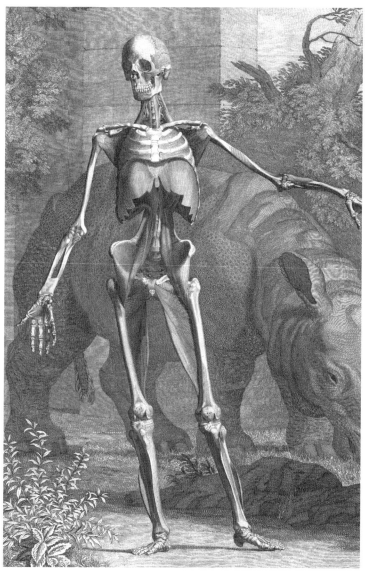

네덜란드의 해부학자이자 서술적 해부학의 창시자이기도 한 베른하르트 알비누스의 책에 수록된 코뿔소 동판화.

재가 되어, 도시 전체에서 벌어지는 가면무도회의 장식 아래

자신을 감춘다.” [19]

이탈리아에서의 일정 이후, 클라라는 런던에서 영국 왕족을 만나고 프라하, 코펜하겐 등을 여행하였습니다. 그리고는 1758년에 영국으로 돌아왔습니다. 이제 클라라는 약 20살 정도가 된 성인 코뿔소였죠.

영국에 온 클라라는 1758년 4월 14일에 세상을 떠났습니다. 야생에서 인도코뿔소가 40년을 산다는 점을 생각했을 때, 클라라는 너무 일찍 세상을 떠난 셈이지만 18세기에 인간에게 잡힌 야생 동물들의 생애를 생각하면 굉장히 오래 산 편이었습니다.

정확히 왜 클라라가 죽었는지 대해서는 알려진 바가 없습니다. 그저 클라라가 여기저기 끌려다닌 여행의 기록과 난생처음 본 신기한 동물인 코뿔소에 경탄한 사람들이 남긴 예술품만이 남아 있을 뿐이죠.

14. 나는 가라앉지 않는다냥!

– 세 번이나 바다에서 살아 돌아온 고양이

고양이가 물을 싫어한다는 건 고양이를 키워보지 않아도 알 수 있죠. 목욕을 끔찍하게 싫어하는 고양이를 씻기기 위해 집사들은 머리끝부터 발끝까지 홀딱 젖어버리기도 하고 온몸에 고양이의 발톱 자국이 나는 걸 감수하기도 합니다. 하지만 그런 집사님들껜 놀랍게도 역사 속에는 바다 항해를 했을 뿐만 아니라 무려 3척의 침몰하는 배에서 살아남은 고양이가 있었답니다.

아주 오래전부터 선원들에게 있어 가장 큰 골칫거리라고 하면 두말할 것도 없이 바로 생쥐였습니다. 쥐는 밧줄이나 갑판을 갉아 상하게 만들기도 했고, 선원들의 식량은 물론이요, 화물로 실어둔 곡물이나 과일 등을 먹어치우고 심지어 전염병을 퍼트리기도 했죠(쥐가 퍼트리는 전염병이 얼마나 끔찍한지는 흑사병의 사례만 보아도 알 수 있답니다). 좁은 배 안에서 쥐를 잡으러 뛰어다니기 어려운 선원들 대신 우아하고 날렵하게 쥐를 사냥하는 고양이는 선원들에게 없어서는 안 될 친구였습니다. 그래서 예로부터 사람들은 배에 고양이를 태우곤 했습니다.

고양이는 좁은 환경에서도 잘 적응하고, 거센 파도 때문에 흔들리는 배 안에서도 균형을 잘 잡는데다가, 다리 사이로 스르륵 몸을 비비며 지나가는 사랑스러운 애교로 고향을 그리워하는 선원들의 마음을 달래주기도 했죠.

늘 몸단장을 잊지 않고 꼼꼼히 관리하며 사뿐사뿐 다니는 고양이의 모습은 그야말로 성스러워 보였는지, 미신을 잘 믿었던 바다 사람들은 고양이를 신처럼 섬기기도 하고 고양이와 관련된 '배를 탄 고양이는 태풍을 몰아낸다', '검은 고양이를 키우면 그 힘이 바다에까지 미친다', '고양이 꼬리에는 태풍을 불러낼 수 있는 마법이 있다', '고양이가 다가오면 행운이지만 오다가 돌아가면 불운이다', '고양이가 재채기하면 비가 내린다' 같은 미신을 만들어내기도 했습니다.

특히 검은 고양이는 적어도 바다에서는 행운의 상징이었죠. 영국 해군에서는 1975년까지 출항하는 배에 고양이를 두는 것이 필수였고 배에 고양이가 없다면 쥐가 화물을 갉아먹었을 경우, 화물 주인은 배의 주인을 고소할 수 있었습니다.

이처럼 미신이 넘쳐나다 보니 선원들조차도 배에 고양이가 없

19세기 영국 화가 프랭크 페이턴이 그린 「세상에서 누가 제일 예쁘지?(Whos the Fairest of them All)」(1874). 처음으로 거울을 마주한 어린 동물만큼 귀여운 모습도 없다.

으면 쥐가 가득해질 거라는 걱정보다는 고양이의 축복이 없이는 배가 가라앉을 것으로 생각했습니다. 그 덕분에 배를 탄 고양이는 육지의 고양이보다 훨씬 더 나은 대우를 받았습니다. 갓 잡은 싱싱한 물고기로 배를 채울 수 있던 건 보너스였죠.

그러니 제2차 세계 대전이 한창일 때, 해군들이 배 위에서 그들과 함께할 행운의 고양이를 얼마나 간절히 원했을지, 짐작이 가시죠? 우리의 주인공 오스카는(정확히 말하면 일단 첫 구출 전까지의 이름은 모르지만, 이후에는 오스카라고 불렸으니 오스카라고 쓰겠습니다) 원래 독일 출신 고양이였습니다. 몇 년에 태어났는지, 처음 역사에 등장했을 때 몇 살이었는지는 알 수 없죠.

오스카가 처음 발견되었을 때는 나치 독일 해군이 자랑하는 전함이었던 〈비스마르크〉가 침몰했을 때였습니다. 〈비스마르크〉는 처음 등장했을 때만 해도 그 위용이 대단해서 배의 이름을 붙일 때는 히틀러가 연설까지 할 정도였습니다. 하지만 엄청났다는 그 배는 1941년 5월 27일, 영국군을 상대로 격전을 벌이다가 침몰하고 말았습니다.

2,200명이 넘는 선원 가운데 400여 명이 배가 침몰한 바다에서 구해달라고 목 놓아 외쳤지만 그중 선원 114명과 고양이 한 마리만이 겨우겨우 살아남았습니다. 쫄딱 젖고 포탄 소리에 놀라 눈이 휘둥그레져 있었을 고양이를 구해낸 구축함 〈코사크〉의 영국 병사들은 고양이에게 오스카라는 이름을 지어주었습니다. 오스카

오스카, 언싱커블 샘.

라는 이름의 첫 글자인 O는 사람이 물에 빠졌을 때 쓰는 국제 신호에서 따온 것입니다.

오스카는 새로운 영국 군함에서 금방 적응했습니다. 독일어에서 영어로 들려오는 말이 달라졌을 뿐, 오스카의 환경은 크게 바뀌지 않았죠. 군인들은 배에 올라탄 새로운 털북숭이 친구를 다정하게 아껴주었습니다. 그렇게 몇 달을 행복하게 잘 지내고 있는데, 또다시 주변이 소란스러워졌습니다.

거침없이 배를 휘젓고 다니는 바다의 고양이, 오스카.

  하루하루 맛있는 밥을 먹고 편안히 잠을 잤던 오스카는 전혀 몰
랐겠지만 때는 1941년, 인간들은 여전히 치열한 제2차 세계대전을
치르는 중이었기 때문이죠. 1941년 10월 24일, 구축함 〈코사크〉
는 독일 잠수함 〈U-563〉이 쏜 어뢰 때문에 심각한 손상을 입었습
니다. 159명이 사망한 이 사건에서 오스카는 다시 한 번 살아남았
습니다. 살아남은 〈코사크〉의 선원들은 구축함 〈레기온〉에 구출
되어 스페인 남단의 지브롤터에서 무사히 내릴 수 있었죠.
  구축함 〈코사크〉 자체를 구하려는 시도는 실패해 배는 바다 속
으로 가라앉아버렸습니다. 익사 위기를 모면하고 겨우겨우 살아

자꾸 자기를 물에 빠트리는 사람들이 불만인 오스카.

남은 사람들은 몸을 부르르 흔들어 물을 털어내고는 몸단장을 하
는 오스카를 보고는 그만 웃음을 터트렸고, 그때부터 오스카를
'가라앉지 않는 샘(불침묘 샘, Unsinkable Sam)' 이라고 불렀습니다.

　오스카의 이야기를 바라볼 때, 두 가지 해석이 있을 수 있겠습니
다. 배가 가라앉을 때마다 살아남은 행운의 상징이거나, 타는 배마

다 가라앉는 불운의 상징이거나 말이죠. 하지만 오스카에게는 다행히도 사람들이 오스카를 행운의 상징이라고 생각했고, 오스카는 항공모함인 〈아크 로열〉의 고양이로 다시 한 번 승선할 수 있었습니다(오스카는 아마도 두 번 다시 물 위로 가고 싶지 않았을 것 같지만요). 오스카가 탔던 첫 번째 배인 〈비스마르크〉를 가라앉힌 배가 바로 〈아크 로열〉이었으니 흥미로운 우연이네요.

1941년 11월 14일, 몰타에서 돌아가는 길에 〈아크 로열〉은 독일 잠수함 〈U-81〉의 어뢰를 맞습니다. 배에 난 구멍을 통해 천천히 물이 들어왔고, 항구가 고작 48킬로미터밖에 남지 않았기에 어떻게든 배를 끌고 가려 시도했지만 결국 〈아크 로열〉도 바다속으로 가라앉아버리고 말았습니다.

오스카는 물에 떠 있는 나무 조각에 겨우겨우 매달린 채로 발견되었습니다. 구조될 당시 오스카는 잔뜩 신경질이 난 상태였다고 합니다. '배 운항을 왜 이렇게 못하는 거냥!' 싶었을지도 모르겠네요. 불행 중 다행히도, 이번에는 한 명을 제외한 모든 선원이 무사히 구조되었습니다.

어휴, 다시는 배는 쳐다도 보고 싶지 않았을 것 같네요. 오스카는 이후로 항해의 날들은 뒤로하고 사무직으로 자리를 옮겼습니다. 지브롤터의 해군사무소부터 영국 본토의 해군사무소까지 여기저기서 느긋하게 근무하던 오스카는 벨파스트의 선원 숙박소에 자리 잡고 안락하게 살다가 1955년에 세상을 떠났습니다. 오늘날

영국 그리니치의 국립해양박물관에 전시되어 있는 오스카의 초상화.

까지도 오스카는 6개월 만에 3척의 침몰하는 배에서 살아남은 유일한 고양이로 역사에 당당히 남아 있답니다! 그리고 영광스럽게도 영국 그리니치의 국립해양박물관에 오스카의 초상화가 전시되어 있지요.

15. 점보, 세계 최초의 동물 슈퍼스타
– '아주 큰 것'을 뜻하는 단어의 유래가 된 코끼리의 비참한 삶과 죽음

크기를 뜻하는 단어는 아주 다양합니다. 가장 흔한 것으로는 소, 중, 대, 특대, 스몰, 미디엄, 라지, 엑스 라지 등이 있고, 옷 사이즈로는 85, 90, 95, 100이라든지 28, 29, 30, 31 등도 있죠. 커피 사이즈에 관해서는 또 다른 말을 쓰기도 합니다. 1986년, 좀 더 이탈리아 카페 같은 분위기를 매장에 담기 위해 고민하던 스타벅스 CEO 하워드 슐츠는 컵의 사이즈를 그란데, 벤티 등으로 칭하기 시작해 독특한 이름의 커피 사이즈를 유행시키기도 했죠.

그렇다면 큰 것보다 더 큰 것은 뭐라고 부를까요? 사람들, 특히 기업들은 메가, 자이언트, 점보, 슈퍼 등등 다양한 이름으로 제품의 크기가 아주 크다고 강조하곤 합니다. 그중에 '점보'라는 단어는 아마 점보 롤, 점보 비행기, 점보 버거 등의 이름을 통해 많이 들

어보았을, 아주 많이 사용하는 단어입니다. 그렇게 이제는 우리가 '크다'는 뜻으로 받아들이는 단어인 '점보'는 원래 아프리카코끼리의 이름이었습니다.

1860년 무렵에 아프리카 수단에서 태어난 것으로 짐작되는 어린 코끼리(미래의 점보)는 아름다운 자연 속에서 엄마와 함께 행복하게 살다가 2살쯤 되었을 때 비극을 맞이했습니다. 아름다운 코끼리의 상아를 팔아 큰돈을 벌고자 한 사냥꾼들은 아직 엄마 젖을 먹으며 크고 있던 한 살배기 아기 코끼리가 보는 앞에서 엄마를 포함한 가족들을 잔인하게 살해했습니다. 이제 고작 키가 1미터 정도였던 아기 코끼리는 눈앞에서 엄마가 죽는 모습을 보고 안절부절못하며 울었고 사냥꾼들은 아기 코끼리를 포획해 모험가에게 팔아넘겼습니다.

아기 코끼리는 이집트 카이로를 거쳐 1863년에는 프랑스 파리에 있는 동물원으로 옮겨졌습니다. 파리에서 2년을 살던 아기 코끼리는 얼마 후 다시 한 번 새로운 나라로 이사를 가게 됩니다. 프랑스 파리에 있는 파리 시내 동물원에는 당시 코뿔소는 너무 적고 코끼리는 너무 많아 고민이었는데, 때마침 영국의 런던 주얼로지컬 가든에는 코뿔소는 많은데 아프리카코끼리가 없어서 고민이었거든요. 런던 주얼로지컬 가든에서는 아프리카코끼리를 찾으려 애를 썼지만 찾지 못하던 참이라 원하는 동물을 프랑스 측과 맞교환하기로 하였습니다.

파리 시내 동물원에서는 조그마한 아기 코끼리 하나 보내고 커다랗고 웅장한, 멋진 코뿔소를 받는 게 좀 민망했는지 서비스로(?) 바늘두더지 2마리도 함께 보냈습니다. 훗날 이 아기 코끼리가 런던 동물원에 얼마나 엄청난 이익을 가져왔는지, 얼마나 유명해졌는지를 생각하면 참 아이러니컬한 일이네요. 그렇게 1865년 6월 25일, 어린 아프리카코끼리는 런던 주얼로지컬 가든의 가족이 되었습니다(여기서 잠깐, 흥미로운 영어 시간! 런던 주얼로지컬 가든London Zoological Garden이라는 이름이 너무 길었던 탓인지 영국 사람들은 동물원을 부를 때 주얼로지컬 가든, 더 짧게는 주Zoo라고 불렀고 그 명칭이 현재까지 이어져 동물원을 '주'라고 부르게 되었다는 이야기가 있답니다).

우리의 주인공 점보가 1865년에 런던으로 가게 된 것은 당시엔 몰랐지만 점보에게는 엄청난 행운이었습니다. 그로부터 5년 뒤인 1870년에 프랑스가 프로이센과 전쟁을 벌이면서 동물원에는 피바람이 불어닥쳤거든요. 이때 프랑스는 프로이센에게 순식간에 밀리며 패배했고, 파리 시민들은 새로운 정부를 만들어 프로이센에 대항하였습니다. 하지만 프로이센군이 파리를 포위하여 파리 시민들은 서서히 굶주림에 시달리게 되었죠. 먹을 것이 다 떨어지자 결국 동물원의 동물들도 희생되었는데, 사나운 사자나 호랑이와 사람과 너무 비슷한 오랑우탄, 원숭이를 제외한 수많은 동물들이 잡아먹혔습니다. 파리 시민들에게 아주 사랑받았던 코끼리들도 예외는 아니었으니 만약 점보가 좀 더 오래 파리에 남아 있었다면 똑같은 최후를 맞이했을 것입니다.

 19세기에는 동물에 대한 지식도 많이 부족했고 동물 복지에 대한 관점도 오늘날과는 전혀 달랐기 때문에 프랑스에서 영국으로 오는 여행은 어린 코끼리에게 끔찍한 고통의 나날이었습니다. 영국에 도착했을 때 어린 코끼리는 때를 긁어낼 수 있을 정도로 꼬질꼬질했고, 쫄쫄 굶어서 영양실조 상태였던 데다 한곳에 오래 갇혀 이송되면서 지나치게 자란 발톱 때문에 고통스러워하고 있었죠. 하지만 야생동물과 함께 자랐던 사육사 에이브러햄 버틀릿의 정성어린 돌봄으로 곧 어린 코끼리는 밥도 배불리 먹고 발톱도 말끔히 깎고 따뜻하게 목욕도 하고는 사육사에게 어리광을 부리는 귀여운 말썽꾸러기로 자라기 시작했습니다. 그리고 그때부터 '점보'라는 이름으로 불리게 되기도 했죠.

 얼마 후 버틀릿은 점보만을 특별 관리하는 사육사를 따로 채용했습니다. 버틀릿은 자신의 명령에 복종하는 직원을 원했겠지만 새롭게 채용된 매튜 스콧은 그럴 생각이 전혀 없었습니다. 매튜 스콧은 자주 점보의 우리에 들어가 함께 잠을 잤고, 점보와 맥주니 위스키 등등의 술을 나눠 마셨습니다. 사람 한 명과 코끼리 한 마리가 술에 취해 부르는 노래와 울음소리가 한밤의 동물원에 울려 퍼지곤 했죠. 그렇게 스콧은 순식간에 점보의 마음을 사로잡았고, 둘만의 신호로 소통했기에 점보는 스콧이 곁에 있으면 아주 순하고 얌전해졌습니다. 하지만 스콧이 없을 때는 가까이 가서는 안 되

점보 등에 탄 아이들.

는 사나운 코끼리로 변해버렸죠.

　이처럼 점보가 매튜 스콧에게만 마음을 열어준 덕분에 매튜 스콧은 점보에게 먹일 수 있는 빵도 팔고 점보의 등에 아이들을 태워주며 부모들로부터 팁을 받아 챙기면서 쏠쏠하게 돈을 벌었습니다. 심지어 자신을 고용한 버틀릿보다도 많이 벌었죠. 빅토리아 여왕의 자녀들부터 영국 총리인 윈스턴 처칠, 미국 대통령인 시어

커다란 점보가 먹이를 받아먹는 모습도 사람들의 관심을 끌었다.

도어 루즈벨트도 어릴 적에 모두 점보를 타봤을 정도이니, 그야말로 재주는 점보가 넘고 돈은 매튜 스콧이 신나게 챙겼네요. 스콧이 추가로 벌어들인 돈이 얼마나 되는지 정확히는 모르지만 아마도 1년에 800파운드 정도였을 것으로 짐작하는데, 이는 2019년 가치로 무려 1억 원이 넘습니다.

영국 아이들에게 점보는 덩치는 커다랗지만 사랑스러운, 귀여운 코끼리였지만 점점 나이가 들어가면서 점보의 성격은 변해가기 시작했습니다. 코끼리는 20대가 되어 성 성숙기에 접어들면 1

왕실부터 어린아이들까지, 모두의 사랑을 받았던 점보.

년에 한 번씩 머스트(Musth)라고 하는 발정 광포 상태를 겪습니다.
이 시기에 코끼리는 남성 호르몬인 테스토스테론이 평소보다 무려 60배가 증가하여 공격적인 성격으로 변하게 됩니다. 일반적으로 동물원에서 코끼리로 인한 사고는 이 시기의 코끼리가 평소와 달리 난폭해졌기 때문인 경우가 다수일 정도로 성격이 크게 달라집니다.

　건강하고 잘 성장한 코끼리에게 찾아오는 정상적인 변화이므로 점보도 당연히 이 시기를 겪게 되었는데, 문제는 당시 사람들이 이런 시기를 겪는 코끼리를 어떻게 다뤄야 하는지 전혀 알지 못했다는 것이었습니다. 난폭해진 점보의 등에 사람들을 태울 수 없게 되자 동물원에서는 채찍질을 하며 점보를 학대했지만 머스트를 겪는 점보는 오히려 더 공격적이 될 뿐이었습니다. 게다가 매우 비좁은 우리 안에서 스트레스를 받아 평생 폐소공포증에 시달린 점보는 밤에 홀로 우리에 있을 때면 벽에 몸을 부딪치고 스스로 자기 상아를 벽에 갈아버리거나 부러뜨리기까지 했죠. 결국 더 이상은 점보를 감당할 수 없다고 여긴 동물원 측에서는 점보를 사살해야 한다는 의견이 나오고 있었습니다.

하지만 점보에게는 다행히도, 그런 상황을 전혀 모르는 미국 서커스단에서 점보가 영국인들에게 인기가 많다는 말을 듣고 점보를 탐냈습니다. 런던 동물원에서는 죽이느니 파는 게 낫겠다 싶어 점보를 팔아넘기기로 하였습니다. 점보가 미국으로 팔려가게 되었다는 소식이 퍼지자 영국 시민들의 반응은 놀라웠습니다. 어린아이부터 노인에 이르기까지 분개하며 절대로 점보를 넘길 수 없다고 반대 운동을 펼치기 시작했거든요. 무려 10만 명의 아이들이 빅토리아 여왕에게 점보를 지켜달라며 눈물의 편지를 보냈고 어른들은 미국에 점보를 매각하는 행위는 노예 매매와 다를 바 없다며 항의했습니다. 영국인들의 돈을 모아 점보를 되사자는 여론도 있었고 심지어 빅토리아 여왕도 점보가 영국에 남았으면 좋겠다는 뜻을 내비쳤지만, 점보는 결국 미국으로 팔려가는 것으로 확정되고 말았습니다.

점보가 미국으로 떠나는 날, 영국 사람들은 오랜 친구를 배웅하

폐소공포증에 시달리던 점보에게 끔찍한 악몽과도 같았을 이송상자.

듯 눈물을 흘리며 선물을 바리바리 싸들고 점보를 찾아왔습니다. 사람들은 점보가 좋아한다는 술을 가져왔고 아이들은 울음을 터 트렸으며 어떤 이들은 점보에게 자기도 미국에 가족이 있으니 함 께 가자고 소리치기도 했습니다. 사람들은 이별을 받아들이고 눈 물로 점보와 작별인사를 했지만 정작 점보는 미국에 갈 마음이 전 혀 없어 보였습니다.

182쪽 사진을 보면 점보가 왜 배를 타기 싫어했을지 이해가 갑 니다. 점보를 싣고 가기 위해 마련된 상자는 말 그대로 '상자' 수 준이었는데, 그렇지 않아도 폐소공포증에 시달리던 점보가 보기

점보는 상자 안에서 돌아다닐 수도, 몸을 돌릴 수도 없었다.

만 해도 갑갑한 상자 안으로 제 발로 걸어 들어갈 리는 없겠죠. 미
국으로 가지 말라고 우는 사람들이 지켜보는 가운데 움직이기 싫
다는 코끼리를 움직일 방법은 없었습니다. 점보가 완강히 거부하
자 점보의 사육사인 매튜 스콧은 이 기회를 틈타 자신의 몸값을 더
올렸고 결국 흡족해진 스콧이 점보를 어르고 달래고 다른 일꾼들

서커스단과의 새로운 삶을 시작하게 된 점보는 행복했을까?

이 쇠사슬로 묶어서 당겨대자 점보는 어쩔 수 없이 상자 안으로 들어갔습니다.

2주간의 바다 여행은 끔찍했습니다. 몸도 돌릴 수 없는 비좁은 상자에 갇힌 점보는 두려움에 울었고 발밑을 돌아다니는 생쥐들이 점보의 발톱을 갉아대는 통에 비명을 질렀으며 육지 동물인 코끼리에겐 생소할 수밖에 없는 출렁이는 파도에 심한 뱃멀미를 앓았습니다. 사람들은 고통스러워하는 점보를 달래기 위해 끝없이 술을 먹였습니다. 위스키에 적신 비스킷을 먹이로 주고 맥주를 먹였죠. 1등석에 탄 손님들은 배 밑에 갇혀 있는 코끼리를 구경하러 와서는 점보에게 카나페를 던져주고 샴페인을 부어주기도 했습니다. 여행 내내 사실상 알코올에 절어 지냈던 점보는 술이 없으면 얌전해지지 않는 등 알코올중독 증상이 심각해져만 갔습니다.

점보가 미국에 도착하자 점보를 사온 바넘 앤 베일리 서커스단은 점보를 내세운 포스터를 제작했고 점보를 '다시는 보지 못할, 세계에서 가장 큰 코끼리'라고 홍보했습니다. 그때부터 점보는 세상에서 제일 커다란, 엄청난 몸집의 코끼리인 양 알려졌지만, 사실 지상에서 가장 큰 동물인 아프리카코끼리들이 키가 크고 늘씬한 편인데 비해 점보는 오히려 키가 작고 뚱뚱했습니다. 관람객들이 던져주는 수많은 먹이 탓에 점보의 몸무게는 야생의 아프리카코끼리보다 무려 1.5톤이나 더 나갔습니다. 때문에 점보를 보러 온 사람들은 점보의 키를 보고 광고가 너무 과장된 것 아니냐는 항의를 하기도 했지만 그럴 때마다 점보의 주인인 바넘은 어물쩍 넘어가 버리고는 했습니다.

미국에서도 점보의 인기는 대단했습니다. 바넘 앤 베일리 서커스단은 점보의 몸값으로 치른 돈을 점보를 공개한 지 불과 3주 만에 벌어들였고 점보는 바넘 앤 베일리 서커스단에서 일한 3년 반 동안 무려 100만 명의 아이들을 등에 태운 것으로 짐작되고 있습니다. 점보를 보기 위해 티켓을 구매한 성인의 수는 900만 명가량이었으니 서커스단이 점보 하나로 벌어들인 돈이 얼마나 어마어

점보를 내세운 서커스단 포스터. '점보 : 아이들의 커다란 애완동물'이라는 제목이 큼지막하게 박혀 있고, 아래에 '바넘, 베일리 & 허친슨은 점보가 사람들이 본 야생 또는 사육된 코끼리 중 가장 크고 무거운 코끼리라는 데 10만 달러를 겁니다!'라고 광고하고 있다.

마했을지 짐작이 가지요.

그 많은 사람에게 구경거리가 되고, 아이들을 계속 등에 태워야 했으니 점보의 삶이 얼마나 힘들었을까 싶지만, 오히려 점보는 서커스단에서 더 행복해한 듯합니다. 당시 서커스단에는 코끼리가 몇 마리 더 있었는데, 코끼리는 대단히 사회성이 높은 동물인 만큼, 점보도 동족인 코끼리들을 만나 교류를 하면서 마음의 안정을

점보를 내세운 서커스단의 포스터.

찾았던 것으로 추측됩니다. 스트레스로 인한 이상행동이 줄어들면서 벽에 몸을 부딪치거나 울부짖는 일도 줄어들었습니다. 점보는 가는 곳마다 많은 사람의 관심과 아이들의 사랑을 한 몸에 받았고 떠나온 영국에서도 팬들은 여전히 점보에게 팬레터를 보내며 끝없는 관심을 표현했습니다.

하지만 점보의 삶도 끝이 다가오고 있었습니다. 1885년, 점보는 2년 전에 시작된 원인을 알 수 없는 병으로 계속 고통받고 있었고 점보의 주인인 바넘은 사업 실패로 인한 경제적 어려움을 겪고 있었습니다. 1885년 9월 15일, 캐나다의 온타리오 주에서 서커스를 마친 점보는 숙소로 돌아가고 있었습니다. 당시 서커스단은 쉬운 이동을 위해 기차를 애용했고, 때문에 기찻길 근처에 동물들의 숙소가 있었습니다. 점보가 이제는 익숙해진 기찻길을 건너는데, 빠른 속도로 달리던 기차가 나타나 점보를 들이받았고, 그렇게 24살

한창 나이였던 코끼리 점보의 삶도 끝이 나고야 말았습니다.

점보의 죽음은 지금까지도 미스터리로 남아 있습니다. 당시에는 사고라고 했지만, 정황을 보면 사고보다는 고의로 죽인 것이 아니냐는 의심을 많이 받고 있죠. 매튜 스콧의 말이라면 자다가도 벌떡 일어나던 점보였는데, 스콧이 바로 옆에 있었으면서도 점보가 기차에 치이도록 내버려둔 것도, 점보가 죽기 몇 주 전 점보를 박제하면 얼마를 벌 수 있을지에 관한 얘기를 편지에 적었던 바넘도 모두 의심스럽습니다. 병에 걸려 아픈 코끼리는 써먹을 곳이 없으니 돈을 들여가며 먹이고 재우고 옮기는 것보다 아직 건강해 보일 때 빨리 죽인 것이 아니냐는 의구심은 지금까지도 계속 제기되고 있습니다.

사람들은 죽은 점보를 가지고 돈을 벌 방법을 재빠르게 생각해냈습니다. 점보의 시신을 구경하는 데는 5센트의 입장료를 받았고, 점보의 상아는 조각내어 팔았으며 동네 정육점에서는 점보의 고기를 가져갔고 내장은 불에 태웠습니다. 점보의 뱃속에서는 사람들이 던져준 호루라기, 동전, 열쇠 등 별의별 물건들이 다 발견되었습니다. 심지어 점보의 기름조차 진통제라며 병에 담겨 팔려나갔죠.

얼마 후, 바넘이 미리 고용한 박제사가 미국에서 달려와 점보의 뼈와 가죽을 발라냈습니다. 바넘은 박제사에게 골격과 가죽을 이용해 2개의 박제를 만들어달라고 했으며, 실제보다 더 크게 만들

살아 있는 점보로도, 죽은 점보로도 막대한 돈
을 벌어들였던 바넘.

어달라고 주문했습니다. 이렇게 박제된 점보는 4년 동안이나 바넘
의 서커스 차에 실려 다니면서 바넘의 주머니를 두둑하게 만드는
데 이용되었습니다. 이후 점보의 박제는 미국 매사추세츠 주에 있
는 터프츠대학에 전시되었다가 1975년 일어난 화재 때 전소되었
습니다.

　세계 최초의 동물 슈퍼스타였던 점보의 영향력은 이후에도 계
속되어 점보의 이름은 이제는 아주 커다란 것을 뜻하는 일반적인
형용사가 되었고, 1941년 월트 디즈니 사에서 제작한 만화영화
「덤보」에 등장하는 귀가 커다란 아기 코끼리의 이름인 '점보 주니
어'도 실존했던 점보에서 영감을 얻었을 것으로 짐작됩니다. 그렇

게 눈앞에서 지켜본 엄마의 죽음으로 시작해 고향에서 멀리 떨어진 캐나다의 기찻길에서 사망하기까지, 평생 인간의 이기심에 이용당하고 고통받은 점보의 슬픈 삶은 잊혔지만 '점보'라는 이름은 지금까지도 우리 곁에 남아 있습니다.

16. 혼자서 호주 일주했개

– 호주를 종횡무진 누빈 자유로운 영혼의 개

"날 멈추지 마세요. 날 뛰게 두세요. 나는 밥, 기차 타는 개
니까요."

19세기 호주 사람이라면 남자도 여자도 아이들도, 특히 철길 근
처에 산다면 모를 수가 없었다는 개가 있었습니다. 거대한 호주 대
륙 곳곳을 기차가 돌아다니던 시절, 기관사 곁에서 기차 여행을 즐
기며 호주 전역을 여행하다시피 한 떠돌이 개, 밥은 살아생전 그
소문이 전국뿐만 아니라 바다 건너 멀고 먼 영국까지 퍼질 정도로
유명하고 인기 많은 슈퍼스타였습니다. 밥의 가슴속에 품은 기차
를 향한 열정이 얼마나 대단했는지 한번 알아보겠습니다.

우리의 주인공 밥은 1878년쯤에 태어났습니다. 그의 첫 주인이

었다고 주장하는 농부 헨리 홀람비의 말에 따르면 밥은 농장에서 양치기용으로 키우는 저먼 쿨리(German Koolie) 종이 낳은 여러 마리 새끼 중 하나로, 새끼 때 남호주 메이클즈필드 호텔 주인인 제임스 모트에게 넘겨졌습니다. 느긋하게 누워 있다가 호텔에 손님이 들어오면 꼬리치며 마중 나가는 강아지를 원했을 모트에게는 아쉽게도 밥은 잠시도 가만있지 않고 끊임없이 여기저기 돌아다니는 호기심 넘치는 강아지였습니다.

근방에서 짓고 있던 기찻길에 관심을 보인 밥은 공사 인부들을 졸졸 따라다녔습니다. 집에는 안 오고 어찌나 기찻길에서만 머물렀는지 강아지를 알아본 사람들이 아예 들어다가 호텔에 데려다 놓기도 하고, 주인이 잡으러 다니기도 서너 번, 밥은 9개월이 되었을 때 결국 완전히 가출해서 사라져버렸습니다. 그렇게 사라진 밥은 남호주의 주도인 애들레이드를 떠돌아다니다가 약 50여 마리의 떠돌이 개들과 함께 붙잡히고야 말았습니다.

밥을 붙잡은 사람은 토끼 사냥꾼으로, 이 50마리의 개들을 무려 300킬로미터나 떨어진 지역으로 데려가 토끼 사냥개로 훈련시킬 생각이었습니다. 만약 이때 밥이 그대로 끌려갔다면 우리가 아는 유명한 밥은 존재할 수 없었겠죠. 하지만 개들이 타고 가던 수레 곁을 지나치던 열차 경비, 윌리엄 페리의 눈에 밥이 쏙 들어왔습니다. 눈에 들어도 하필이면 열차 경비 일을 하는 사람의 눈에 들다니, 기차와 인연이 깊어도 보통 깊은 것이 아닌 모양이죠? 밥에 관

기차, 특히 증기기관차를 좋아하고 여행을 사랑한 자유로운 영혼, 밥.

한 책 『철로의 개』에 따르면 이때 윌리엄 페리는 돈을 지불하고 밥을 사들였다고 합니다. 다른 이야기로는 토끼 사냥꾼이 여러 마리의 개가 꼭 필요하다며 굳이 이 개를 데려가고 싶다면 다른 개를 데려오라고 했다고도 합니다. 그래서 윌리엄 페리는 130킬로미터를 달려 경찰서 주변을 돌아다니는 개를 데려와서 밥과 교환하였습니다.

윌리엄 페리의 아내 메리 역시 밥을 보고 아주 마음에 들어 한 덕분에 밥은 한동안 안락하게 살 수 있었습니다. 매일 윌리엄과 함께 출근했고 이는 그가 피터버러로 전근한 뒤에도 계속되었죠. 사랑해주는 주인에 항상 기차 주변에서 뛰어놀 수 있고 저녁에는 맛있는 식사와 푹신한 침대가 있는 생활이라니, 밥에게는 아주 행복한 시절이었을 것입니다. 그렇게 5년을 함께한 1889년의 어느 날, 페리는 서호주의 기차역장으로 발령이 났습니다. 그리곤 어쩐 일인지 밥을 데려가지 않고 기차역에서 키우도록 두고는 작별인사를 해버렸습니다. 잘만 키우던 강아지를 버리다니 밥이 다른 개였다면 크게 슬퍼했겠지요. 하지만 다행히도 밥에게 기차와 기차역, 그리고 철도 기관사들은 또 하나의 가족이었고 윌리엄 페리 가족이 없더라도 밥에게는 따뜻한 식사와 편안한 잠자리를 제공해주는 사람들이 무척 많았습니다.

그 이후로 밥은 여러 기차를 오가며 여행자의 삶을 살았습니다. 모든 철도 기관사들은 밥의 이름을 알 뿐만 아니라 자기 기차에 밥이 타면 챙겨주고 그날 밤에는 자기 집으로 데려가 맛있는 식사와 잠자리를 제공했고, 다음 날 아침에는 같이 출근했습니다. 출근한 밥은 또 다른 기차를 타고 또 다른 장소로 떠나갔죠. 그리곤 그 기차를 운전한 사람의 집에서 잠을 자고 배를 채웠습니다.

밥은 기차뿐만 아니라 전차도 타고 머레이 강에서는 외차선을 타고 항해를 하기도 했지만 그중에서도 검은 연기가 뿜어져 나오는 시끄러운 증기기관차를 가장 좋아했습니다. 증기기관차에 타면 운전석 근처의 석탄 보관함 위를 차지하고 누워서 기관사를 구경하거나 3등석 열차로 가서는 손님 자리를 차지하고 쿨쿨 잠을 자기도 했죠. 가끔 자리를 되찾기 위해 자기를 깨우려는 손님이 있을 때면, 손님이 포기하고 다른 곳으로 갈 때까지 왕왕 짖기도 했

기차 꼭대기에 편안하게 앉아 있는 밥(1887년 포트 어거스타).

다고 합니다. 적반하장이 따로 없네요. 물론 밥을 사랑한 직원들
은 밥의 짖는 소리는 그냥 반갑다는 것인데 소리가 너무 커서 낯선
사람들이 놀라는 것뿐이라는 핑계를 대곤 했죠.

그렇게 밥은 사실상 호주 전역을 돌아다녔습니다. 아직 철도가
제대로 놓이지 않았던 서호주에는 잘 가지 못했지만 남호주는 그
야말로 밥의 앞마당이었죠. 호주, 하면 유명한 도시인 시드니에 자
주 들렀고 멜버른 시가 있는 빅토리아 주에서도 목격된 바 있으며
브리즈번도 방문해주었죠! 브리즈번과 멜버른 사이의 거리는
1,682킬로미터로 차로 가면 18시간 넘게 걸린답니다! 하지만 밥이
가장 좋아한 지역은 고향인 애들레이드였다고 합니다.

밥은 마치 뭘 타면 어디로 가는지 아는 것처럼 기차에서 내려 한 방향을 빤히 보다가 다른 기차를 잡아타곤 했습니다. 그렇게 기차 사이를 폴짝거리며 뛰어다니는 강아지라니 너무 위험해 보이는데 요. 다행스럽게도 밥은 크게 다친 적은 한 번도 없었지만 그래도 몇 번은 사고로 다치기도 했습니다. 기차에 올라타려고 점프를 하거나 열차 사이를 뛰어넘다가 떨어지고 구르는 일은 초반엔 흔했다고 합니다. 물론 나중에는 아주 능숙해져서 심지어 움직이는 기차 사이로도 뛰어다녔다고 해요(너무 위험해!).

> "(밥은) 딱 한 번 달리는 기차에서 떨어진 적이 있다. 마누라 지역에서 새들워스로 가는 기차에서 떨어진 밥은 떨어져서 다친 다리 때문에 절룩거리며 3킬로미터를 걸어와 새들워스에 도착하였다." [20]

한 번은 복슬복슬한 밥의 털을 매만지던 한 철도 직원이 장난기가 발동했는지 밥의 털을 몽땅 밀어버린 사건도 있었습니다. 그는 밥의 머리와 꼬리 끝의 털만 남기고 모두 밀어버렸는데 직원은 밥을 작은 사자처럼 보이게 하려 한 것이라 주장했지만 털이 밀린 밥에 대한 기사를 작성한 기자의 눈엔 영 꼴불견이었는지 한겨울에 털이 밀린 밥이 매우 울적해 보였다고 적었습니다.

밥의 유명세는 호주를 넘어 영국까지 퍼져나갔고 1895년에는 영국 잡지 「스펙테이터」에 밥의 이야기가 실리기도 했습니다. 그렇게 멀고 먼 호주에 사는 밥의 자유로운 여행 이야기는 영국 사람들의 기억 속에 강하게 남게 되었습니다. 이제 밥에 대한 기사는 신문에 종종 오르내리는 이야기였고 기차역을 찾는 사람들은 밥을 만나면 반갑게 이름을 부르며 인사하곤 했습니다. 슈퍼스타가 된 밥은 어느 날 팬으로부터 선물을 하나 받게 됩니다. 바로 밥의 이름과 밥에 대한 설명이 적힌 목걸이였죠. 검은 띠로 된 목걸이에는 금속판에 밥의 이야기가 다음과 같이 적혀 있었습니다.

"날 멈추지 마세요. 날 뛰게 두세요. 나는 밥, 기차 타는 개니까요."

사람들이 유명한 밥을 알아보지 못하고 밥이 가는 길을 방해할까봐 우려한 팬의 마음이 느껴지네요. 어찌나 유명한 개가 되었던지, 밥은 1881년 멜버른에서 열린 전시회에 주요 손님으로 초청되기도 하고 피터스버그(현 피터버러)에서 브로큰힐까지의 철도 준공식에 손님으로 초대받기도 했습니다. 헉스베리 다리 준공식에는 초대받지 않았지만 그냥 나타나기도 했죠. 초대를 받았든 받지 않았든 밥은 등장하는 것만으로도 어느 축제에서나 크게 환영받았습니다.

이처럼 전국적인 사랑을 받으며 자유롭게 살던 밥은 무려 17살

추방자들의 왕, 밥을 기리는 동상.

이 될 때까지 건강하게 여행하며 다녔습니다. 1895년 7월, 브로큰힐을 방문했다가 자주 가던 동네로 돌아온 밥은 자기에게 먹을 것을 잘 챙겨주는 에반스 아저씨의 정육점에 들러 오후 3시도 되기 전에 무려 세 번이나 밥을 먹고는 가게 앞에 누워 있다가 지나가는 개에게 몇 차례 짖었습니다. 그리곤 얼마 지나지 않아 애처로운 울음소리를 내고는 그 자리에 쓰러져 세상을 떠나고 말았죠. 요즘에도 장수한 나이로 칠 만한 열일곱 살 노견이었음을 생각하면 자연사였을 것으로 추측됩니다. 그렇게 밥이 세상을 떠나고 난 뒤 쏟아졌던 추모사들은 사람들이 이 작은 개를 얼마나 사랑했는지를 알려줍니다.

> "우리가 개과의 죽음을 기록할 필요성을 느끼는 일은 흔치 않습니다. 하지만 기차 타는 개로 잘 알려진 밥의 최후는 수많은 어린이 승객들이 애도할 것이며 밥을 사랑한 많은 승객들과 열차 직원들의 한숨을 부를 것입니다." [주21]

이후 밥의 시신은 박제되었고 유명한 목걸이를 한 모습으로 여러 역사에 전시되었습니다. 오늘날에는 밥의 목걸이만이 남아 포트 아델레이드의 국립철도박물관에 보관되어 있습니다. 2009년에는 피터버러에 밥의 동상이 세워져 여전히 호주에서 많은 사람이 자유로운 영혼, '추방자들의 왕' 이라 불린 밥을 기억하고 있음을 알 수 있습니다.

17. 유기견, 전쟁 영웅이 되다

– 제1차 세계대전에서 대활약을 한 개, 스터비 병장

아주 멀지는 않은 옛날인 1917년 7월이었습니다. 이미 세계는 제1차 세계대전의 포화 속에 잠겨 있었고 미국이 세계대전에 뛰어든 지 3개월가량 되었을 때였죠. 미국 코네티컷 주에 있는 예일대학 캠퍼스에서는 102보병대가 열심히 훈련 중이었습니다. 그렇게 땀방울을 흘려가며 훈련을 받고 있는 군인들 앞에 쫄랑쫄랑 귀여운 강아지 한 마리가 나타났지요. 열심히 훈련하는 군인들 사이로 짧은 꼬리를 실룩거리는 궁둥이 토실토실한 강아지라니! 왠지 시선을 한 몸에 받았을 것 같지요?

병사들 가운데 한 명이었던 로버트 콘로이 상병은 핏불과 보스턴테리어가 섞인 듯한 이 강아지가 너무나 귀여워 볼 때마다 쓰다듬고 예뻐했습니다. 먹을 것을 던져주니 강아지도 콘로이 상병을 졸졸 따라다녔죠. 곧 강아지는 콘로이 상병의 숙소에서 함께 지내게 되었습니다.

부대 안에서 애완동물을 키우는 일은 금지되어 있었지만 다들 강아지를 마음에 들어 했기 때문에 병사들은 강아지에게 '스터비'라는 이름을 지어주고 이런저런 훈련을 시키며 애지중지했습니다. 서당 개도 3년이면 풍월을 읊는다더니, 군인들과 함께 지내게 된 스터비는 각종 응급 상황에 대처하는 것도 옆에서 보며 함께 배웠습니다. 아주 영리한 강아지였던지라 다양한 훈련에도 금세 적응했죠. 얼마 후, 보병대가 프랑스로 보내지자 콘로이 상병은 강아지를 품 안에 숨겨서 데려갔습니다.

하지만 그것도 잠시, 프랑스에 도착한 스터비의 존재는 곧 들통이 났습니다. 스터비를 보고 화가 난 부대장이 "전시 중인 부대에 강아지라니! 안 된다!"라며 단호하게 스터비를 쫓아내려 했죠. 길지 않은 견생(?)에서 최초로 맞이한 이 절체절명의 위기 앞에서 스터비는 훈련받은 대로 냉큼 앞발을 척 들어서 오른쪽 눈썹 위에 올려놓는 절도 있는 경례를 선보였습니다. 강아지의 귀여운 애교를 본 부대장은 홀랑 반해 녹아내렸고 곧 스터비가 부대에 있어도 된다고 허락해주었습니다. 그렇게 스터비는 부대의 마스코트가 되었죠.

경례하는 법을 척척 배웠다는 것만 봐도 알 수 있겠지만 스터비는 굉장히 똑똑한 개였습니다. 자라면서 여러 가지 훈련을 익혔고

콘로이 상병과 스터비.

1918년 2월 5일부터는 최전선에서 인간 동료들과 함께 전투에 참여하였습니다. 그러던 와중에 스터비는 처음으로 전투에서 부상을 입게 됩니다. 최초로 화학전이 실시되었던 제1차 세계대전에서 스터비는 치명적인 독가스에 노출되어 생명을 거의 잃을 뻔했지만, 다행히 바로 실시된 구조와 치료 덕분에 곧 건강해질 수 있었죠. 자신이 독가스 때문에 죽을 뻔했다는 것을 완벽히 이해한 스터비는 그 후 가스 냄새에 굉장히 예민해졌습니다. 그리고 이것이 얼마 후 수많은 전우들의 목숨을 구하게 되었죠.

어느 날 독일군은 새벽에 독가스 공격을 개시하여 미군 참호에 독가스를 투척하고는 유유히 사라집니다. 모두 깊은 잠에 빠져 있는 사이 독가스는 스멀스멀 참호로 스며들기 시작했죠. 하지만 한번 독가스 때문에 죽을 뻔했던 스터비는 가스 냄새를 맡자마자 요란하게 짖으며 온 참호를 돌아다녔고 잠들어 있는 군인들을 깨물어대며 큰일났다고 알렸습니다. 덕분에 수많은 병사가 살아서 도망칠 수 있었죠. 이후로 병사들이 스터비를 얼마나 예뻐했을지 알 만하죠?

스터비가 어찌나 영리했던지 한창 전투가 벌어지는 와중에도 영어로 도와달라거나 위생병을 부르는 소리가 들리면 그리 뛰어가 짖으며 위생병을 데려오기도 했고 안전한 지역으로 환자를 데려가기도 했으며 심지어 독일군에서 보낸 스파이를 잡아내고 제압하기까지 했습니다. 그렇게 스터비는 수류탄을 알아서 피하거나 자신을 붙잡은 적에게서 도망치기도 하고, 독가스 공격을 피해가기도 하며 18개월간 무려 열일곱 번의 전투에 참여하였습니다. 이 정도로 공을 세웠으니 아무리 개라 해도 공적은 치하해줘야겠지요.

그렇게 우리의 스터비는 병장이 되었습니다(정식으로 병장으로 등록되었다는 기록은 없다고 하는데, 아무래도 동물이었으니 명예병장 정도로 생각하면 될 것 같아요). 스터비 병장은 더더욱 열심히 자신의 전우들을 돕기 위해 애를 썼고 그 과정에서 독일군의 손아귀에서 프랑스 마을을 되찾는 데 공헌하게 됩니다. 그러자 프랑스 마을의 여성들은 모여 앉아 스터비를 위해 멋진 군복을 만들어주었습니다. 군복에는 스터비가 받은 여러 가지 메달을 잔뜩 달게 되었죠.

스터비와 스터비의 삶을 송두리째 바꾼 콘로이 상병.

전쟁이 끝나자 콘로이 상병은 다시 한 번 몰래 스터비를 숨겨서 미국으로 데려왔습니다. 유기견에서 병장이 되어 금의환향하게 된 스터비는 정말이지 셀 수도 없을 정도로 많은 메달을 받았습니다. 최고 사령관으로부터 동물 애호 메달도 받았지요.

게다가 전쟁 영웅으로서 백악관을 두 번이나 가고 남들은 평생에 한 명 만나기도 힘들다는 미합중국 대통령을 세 명이나 만났죠. 이후 스터비는 미국재향군인회, YMCA, 적십자사의 평생회원이 되었으며 참전 용사들이 공식 석상에 나갈 때 스터비가 빠지는 일

자랑스러운 메달을 잔뜩 단 스터비.

은 없었습니다. 스터비는 전쟁이 끝난 뒤에도 모든 사람의 사랑을 받으며 행복하게 살다가 10살쯤의 나이로 1926년 사망했습니다. 스터비의 모습은 오늘날에도 스미소니언박물관에서 만나볼 수 있으며 제1차 세계대전 기념비에는 스터비의 이름도 당당히 기록되어 있답니다. 2018년에는 「캡틴 스터비」라는 애니메이션이 개봉하는 등, 스터비는 여전히 많은 관심을 받는 귀여운 전쟁 영웅으로 우리에게 기억되고 있습니다.

18. 코브라를 잡아와라? 키우면 되지!

– 정치 · 경제 용어인 '코브라 효과'의 유래

정치 경제 분야에서 사용하는 '코브라 효과'라는 용어는 문제가 일어났을 때, 문제를 해결하기 위해 쓴 방법이 오히려 문제를 악화시키는 것을 뜻합니다. 그렇다면 이걸 왜 코브라 효과라고 하는 걸까요?

때는 옛날 옛적, 영국이 인도를 점령하고 있을 적의 일이라고 합니다. 또는 그냥 인도에서 있었던 일이라고도 하고요. 인도의 수도인 델리에는 맹독을 가진 코브라가 너무 많았습니다. 개인적으로는 동네에 한 마리만 풀려 돌아다니는 것도 너무 많은 것 같은데, 인도에서는 과연 몇 마리부터가 '너무 많은' 걸까요? 뭐, 아무튼 코브라들이 길에 돌아다니고 있으니 사람이나 동물들이 물리기도 하고 잠도 편히 잘 수가 없으니 정부에서는 코브라를 나라에

205

서 해결해야겠다고 생각했습니다. 그렇게 나랏일 하는 사람들이 의자에 앉아 열심히 고민한 결과 나름 아주 똑똑한 방법을 생각해 냈죠.

"코브라가 문제인데 우리가 하나하나 잡을 수는 없는 일이니 사람들보고 잡아 오라고 하고 돈을 주자!"

코브라도 없애고 사람들한테 일도 주고 이게 바로 '창조경제 (?)' 아니겠어요! 아주 완벽한 계획이군요! 무척 흡족한 마음으로 정부는 정책을 시행하기 시작했습니다. 인도 사람들은 이 새로운 정책을 듣고 코브라를 열심히 잡기 시작했고요.

그런데 말입니다. 코브라를 잡다보니 정부가 주는 돈이 생각보다 두둑한 것이 꽤 용돈벌이가 되지 않겠어요? 게다가 나라가 지급하는 것이다 보니 돈도 지체 없이 바로바로 지급되고 말이죠. 그렇게 코브라 잡아 신고하는 일을 직업으로 삼은 사람들은 코브라를 열심히 잡다 못해, 그걸 잡으러 힘들게 돌아다니느니 아예 몇 마리를 잡아다가 키우기 시작했습니다. 코브라를 잡아다 잘 돌보면서 알을 낳고 거기서 태어난 코브라를 정부에 가져다주었죠.

하지만 코브라 농장주(?)들에게는 아쉽게도 얼마 지나지 않아 정부에서 이상함을 눈치 채고 조사를 벌인 끝에 상황이 어떻게 돌아가는 일인지 깨달아버렸습니다. 코브라를 없애려던 정책이 코브라 농장만 만든 셈이니 결국 코브라를 잡아 오는 사람들에게 돈을 주는 제도를 없애버렸죠. 자, 이번엔 코브라 농장을 운영하던

피리를 부는 사나이와 춤을 추듯 몸을 움직이는 뱀의 모습은 인도와 파키스탄 등지에서 볼 수 있다.

사람들이 갑자기 수입원을 잃게 되어버렸습니다.

이제 나라에서 돈은 안 주는데 집 뒷마당엔 쓸모없게 된 코브라만 득시글득시글하네요. 더는 코브라를 먹이고 키울 이유가 없어진 사람들은 곧바로 코브라들을 다 풀어주었습니다. 산 채로 동네방네 풀려버린 코브라들은 여기저기로 퍼져나갔고 결국 문제를 해결하려 들기 전보다 코브라의 개체 수가 늘어나버렸습니다. 이 일화를 통해 문제를 해결하려 내세운 방법이 결국 문제를 악화시키는 것을 코브라 효과라고 부르게 되었다는 것이랍니다.

비슷한 예로 프랑스 정부가 베트남을 식민지화했을 때 벌어졌다는 일화가 있습니다. 당시 베트남의 하노이에는 쥐가 너무 많았고 프랑스 정부는 이를 해결하기 위해 피리 부는 사나이를 불러오는 대신, 쥐를 잡아 오는 사람한테 돈을 주었습니다.

정부에서는 쉬운 관리를 위해 쥐를 잡으면 꼬리만 가져오라고 했는데, 쥐는 꼬리가 없어져도 충분히 살 수 있는 데다 쥐의 개체 수가 줄어들수록 돈을 받을 기회가 적어진다는 것을 사람들은 금세 깨달아버렸습니다. 평소였다면 쥐를 잡아 죽였을 사람들도 이제는 쥐를 많이 생산하기 위해 잡아도 죽이지 않고 꼬리만 자르고 쥐는 방생했다고 전해집니다. 얼마 지나지 않아 하노이에는 꼬리없는 쥐가 바글바글했다고 해요.

코브라 효과의 예로 가장 유명한 것은 1920년대 미국의 금주법입니다. 말 그대로 술을 금지한 법이죠. 술맛을 이미 알고 있는 사

위의 시위대는 '우리는 맥주를 원한다' 라는 팻말을 들고 행진하고 있다. 이 글을 보는 많은 성인들이 공감할 만한 팻말이다.

람들로부터 전국적으로 술을 금지한다니 과연 법은 성공적이었을까요? 그럴 리가 없겠죠. 짐작하셨겠지만 이 법은 엄청난 실패작이었습니다.

일단 술 제조업과 관련된 사람들이 일자리를 잃었고, 술을 만드는 데 사용되는 곡물과 과수원의 농부들은 엄청난 고객을 잃었으며, 정부는 술로 거둬들이는 세금을 잃었습니다. 그렇게 술은 순식간에 가게에서 사라졌지만 그렇다고 갑자기 미국이 파라다이스가 되어서 사람들이 술은 입에도 대지 않고 술주정도, 폭력도 없는 천

"난 공포 위에 내 조직을 세웠다."라는
명언(?)을 남긴 시카고의 '밤의 대통
령' 알 카포네.

사처럼 변했느냐 하면……. 당연히 그런 것도 아닌지라 어떻게든
술을 마시기 위해 집에서 몰래 만들고 밀수를 해댔습니다. 향수부
터 부동액에 이르기까지 온갖 것들로부터 알코올을 뽑아내다 보
니 술의 질이 떨어져서 독극물이나 마찬가지인 술을 마시고 죽는
경우도 부지기수였으며 음주운전의 비율도 천정부지로 치솟았습
니다.

밀수를 해서라도 술을 마시고 싶어 하는 사람들의 요구와 맞물
려 결과적으로 조직적인 범죄 집단이 전국적으로 생겨났습니다.

미국의 마피아가 활개를 치기 시작한 것이 바로 이 시기이며 수많은 범죄로 악명 높은 '밤의 대통령' 알 카포네도 지하 밀매 조직을 이끌면서 시카고에서 화려하게 등장합니다.

금주법, 하면 반드시 이름이 등장하는 알 카포네는 13년간의 금주법 시행 기간 동안에 온 동네 경찰들에겐 뇌물을 주고 사람들에겐 술을 공급하면서 돈을 자루에 쓸어 담았습니다. 비록 훗날 매독에 걸리고 징역 10년을 살기도 했지만, 이미 역사에 길이길이 악명을 남긴 뒤였습니다. 이처럼 금주법을 통한 밀주로 미국 전역에 속속들이 스며들어간 마피아와 갱단들은 오늘날까지도 미국 내에서 영향력을 행사하며 소상인들에게 돈을 뜯고 마약을 밀수하여 공급하는 등 미국의 골칫거리로 남아 있답니다.

19. 수박 껍질이 먹고 싶었을 뿐인데

– 왜 그 코끼리는 교수형에 처해졌을까

따사로운 햇살 아래의 휴식, 엄마의 다정한 보살핌, 가족들에게 부리는 어리광, 시원한 저녁 바람, 그리고 자유.

메리는 언제 어디에서 잡혀 왔는지 아무도 알지 못하는 코끼리였습니다. 아시아 남동부 어딘가에는 약 20개월의 임신 기간을 보내고 메리를 낳았던 엄마와 스무 마리 정도의 가족들이 인간들에게 납치당한 어린 메리를 한동안 애타게 찾아다녔을 것이지만, 우리에게 남은 기록은 많지 않습니다.

메리는 얼마나 떠돌아다녔는지도 확실하지 않은 코끼리였습니다. 누구는 메리가 이 서커스에서 저 서커스로 계속해서 팔려 다녔을 것이라 하고, 누구는 메리가 4살이 되었을 무렵에는 이미 스파크 서커스의 일원이 되어 20여 년을 함께했다고 합니다.

우리가 메리에 대해 정확히 아는 점이라고는 1916년 9월 무렵 미국 테네시 주를 돌던 '스파크 월드 페이머스 쇼'가 소유한 5마리 코끼리 가운데 하나가 메리였다는 것뿐입니다. 당시 동네들을 떠돌며 미국 전역을 여행하던 서커스단들은 동물과 단원들을 싣고 다니는 객차가 몇 량이나 있는지와 코끼리가 몇 마리나 있는지로 얼마나 대단한 서커스단인지가 정해졌습니다. 예를 들면 앞에서 이야기한 코끼리 점보가 소속된 바넘 앤 베일리 서커스단 같은 경우에는 객차가 무려 84개나 있어 대형 서커스단이라 하였으나 스파크 같은 경우는 10여 개밖에 없는 중소 서커스단이었죠.

그러니 그 유명한 바넘 앤 베일리를 넘어서기 위해 스파크는 메리의 사이즈를 최대한 과장하였습니다. 메리가 정확히 얼마나 컸는지는 알 수 없으나 (매우 과장했을 것이 분명한) 서커스단 팸플릿에 따르면 점보보다 무려(?) 8센티미터나 더 컸다고 합니다(하지만 메리는 암컷 아시안코끼리이고 점보는 수컷 아프리카코끼리라는 점을 생각하면 메리는 점보보다 크기는커녕, 비슷하지도 않았을 것으로 추정됩니다). 당시 메리의 값어치는 어마어마해서 스파크 서커스단에게 메리는 1916년 기준 최대 2만 달러에 팔릴 수 있는 엄청난 재산이었습니다.

굳이 메리가 아니더라도 이처럼 값비싼 코끼리들은 유럽과 미국 전역으로 팔려나갔고, 코끼리를 이송할 때는 코끼리에 대한 지식이나 배려는 전혀 없이 마치 짐짝처럼 실어 나르곤 했습니다. 평생을 땅 위에서 살아가는 코끼리를 몸도 돌리기 어려운 상자에 욱

여넣고 발에는 살을 파고드는 무거운 족쇄를 채우고 짧게는 몇 주, 길게는 몇 달씩 항해했죠. 익숙지 않은 뱃멀미와 피부를 벗겨내는 쇠사슬과 족쇄로 인한 고통, 컴컴하고 좁은 공간에서 몸을 기어 다니는 쥐와 벌레들에 대한 공포로 인해 코끼리들은 비명을 질렀고 사람들은 코끼리를 조용히 만들기 위해 술만 잔뜩 먹였습니다. 그렇게 알코올중독이 된 코끼리들은 정신을 차리지 못하고 쇠약해져갔죠.

육지에 닿았다 해서 삶이 그리 나아질 것은 없었습니다. 좁디좁은 우리에서 나올 때면 서커스 천막 아래에서 얻어맞으며 억지로 훈련을 해야 하는 코끼리들에게 햇빛 가득한 풀밭을 걷는 행복 같은 것은 없었습니다. 당시 코끼리에 대한 지식이 있는 사람은 흔치 않았고 서커스단은 코끼리가 뭘 먹고 사는지, 어떤 습성을 가졌는지, 삶의 주기에 따라 어떤 변화를 보이는지 등에는 아무런 관심이 없었습니다.

사실 코끼리는 뛰어난 기억력과 섬세한 감성을 지닌 굉장히 영리한 동물이며, 사회성이 높고 가족에 대한 사랑이 지극한 동물이기도 합니다. 동료의 죽음을 이해하고 죽은 코끼리를 코로 쓰다듬으며 작별인사를 하는가 하면 몇 년 뒤에 그 자리로 돌아와 남은 유해를 코로 감싸고 몇 시간씩 슬퍼하기도 합니다. 특히 자식들의 경우 수많은 다른 코끼리들의 뼈 사이에서도 어머니의 뼈를 알아보고 한참 동안 쓰다듬는 모습이 많이 목격되었으며 심지어 종종 죽은 코끼리를 묻으려 노력하는 모습을 보이기도 합니다.

하지만 그런 것은 코끼리를 구매한 사람들에겐 아무런 상관이 없는 일이었습니다. 어린 코끼리가 두려움에 떨다가 식음을 전폐하면 억지로 입을 열고 위스키를 강제로 먹였고, 훈련 중 말을 듣지 않으면 채찍이니 불훅(Bullhook) 같은 도구로 피부가 찢어지고 뚫리도록 인정사정없이 폭행했습니다. 피부가 두꺼워 보인다고 해서 고통을 느끼지 않는 것은 아닌데도요.

불훅은 코끼리를 사람의 입맛에 맞게 움직이게 할 때 사용하는 잔인한 도구로, 새의 부리처럼 휘어진 뾰족하고 날카로운 쇠가 막대 끝에 달려 있습니다. 코끼리 조련사들은 갓 잡혀 온 아기 코끼리의 온몸을 묶고는 귀 뒤, 항문, 무릎, 정수리, 코, 입, 눈가를 세게 찔러대며 불훅이 얼마나 고통스러운지를 기억하게 합니다. 불훅 트라우마에 몸부림치던 아기 코끼리는 훗날 4톤이 넘는 강한 어른 코끼리가 되어서도 불훅 앞에서 공포에 떨며 반항하지 못하고 인간이 시키는 대로 고분고분하게 되지요. 이러한 끔찍한 도구는 오늘날에도 여전히 사용되고 있으니 코끼리가 묘기를 부리는 서커스나 코끼리를 탈 수 있다는 관광 상품을 보신다면, 한번쯤 다시 생각해보면 어떨까요.

1916년 9월 11일, 떠돌이였던 남자 월터 레드 엘드리지는 스파크 서커스단의 코끼리 조련사 일자리를 얻게 되었습니다. 오늘날의 상식으로는 엘드리지가 코끼리를 다룬 적이 있거나 동물 조련사 일을 해본 적이 있는 사람이겠지, 싶겠지만 사실 그는 코끼리를 다룬 적도, 동물을 돌본 적도 전혀 없는, 동물에 대한 이해가 매우 부족한 사람이었습니다. 하지만 당시 이런 일은 아주 흔했기 때문에 엘드리지는 곧바로 코끼리들을 관리하기 시작했습니다. 단순히 밥을 주는 정도가 아니라 고용되자마자 코끼리 위에 올라타서 명령을 내리는 일까지 했죠. 다음 날인 9월 12일은 테네시 주의 설리번 카운티에서 서커스 홍보를 해야 했기에 빠른 적응은 필수적이었습니다.

다음 날인 12일이 되자 서커스단은 쇼 홍보용 퍼레이드를 하기 위해 분주하게 움직였습니다. 동네 사람들은 이미 길가에 줄을 서서 퍼레이드를 기다렸죠. 모든 서커스단의 최고 슈퍼스타는 항상 코끼리였으므로 메리와 다른 코끼리들도 분장을 했고 엘드리지는 메리 위에 올라타 행진을 시작했습니다. 사람들이 내지르는 환호성과 박수소리는 메리와 다른 코끼리들에게 흔한 일이라 별다른 문제 없이 퍼레이드는 시작할 수 있었습니다. 하지만 메리가 길가에 버려진 수박 껍질을 본 순간 엘드리지와 메리, 모두에게 비극적인 사건이 시작되었습니다.

코끼리는 과일을 정말 좋아합니다. 특히 수박을 매우 좋아했던 메리는 수박 껍질이 버려져 있는 것을 보자 그걸 먹고 싶어 몸을 틀고는 먹고 가겠다고 고집을 피웠습니다. 엘드리지가 움직이라고 소리를 질러도 꿈쩍하지 않았죠. 사람들은 코끼리를 조련하지 못하는 코끼리 조련사를 보고 깔깔대며 웃었고 화가 난 엘드리지는 날카로운 불훅으로 메리의 귀 뒤를 세게 후려쳤습니다.

메리에게는 오래된 충치가 여러 개 있었다고 합니다. 썩어들어가는 어금니 때문에 지난 몇 년 동안이나 치통에 시달리고 있었다고 해요. 불훅에 얻어맞은 귀 뒤는 그 썩은 어금니가 위치한 곳이었고 눈앞이 하얘지는 엄청난 통증에 메리는 순식간에 돌변했습니다. 분노한 메리는 코로 엘드리지의 몸을 휘감고는 근처 목재 음수대에 내동댕이쳤고 쓰러진 그에게 다가가 밟아버렸습니다.

구경꾼들은 그 모습을 보고 비명을 지르며 도망치기 시작했습니다. 근방의 대장장이는 뛰어나와 권총으로 메리에게 다섯 발을 발포했죠. 총을 맞은 메리는 쓰러지지는 않았지만 그렇다고 총알을 튕겨낸 것도 아니어서 총알은 메리의 몸 깊숙이 박혀 들어갔습니다. 엘드리지가 죽은 후 메리는 금세 얌전해져서 눈치를 보며 가만히 서 있었고 조련사들은 메리와 다른 코끼리를 몰아 서커스로 돌려보낼 수 있었습니다. 상황이 정리되자 자리로 돌아온 구경꾼들은 소리를 지르기 시작했습니다.

"코끼리를 죽이자! 그놈을 죽여버려!"

아무런 지식도 없이 코끼리나 사자 등의 야생동물들을 다루었던 시절이기에 조련사가 죽는 일은 흔한 편이었습니다. 따라서 스파크 서커스단의 주인인 스파크 역시 이 일을 흐지부지 없던 일로 만들고 메리를 계속 데리고 다니거나 다른 곳에 비싼 값을 받고 팔

217

생각이었을 것으로 추측됩니다. 실제로 그날 밤 메리가 출연한 쇼는 만석이었고 서커스는 돈을 잘 벌어들였습니다.

하지만 소문은 주변 마을들로 퍼져나갔고 9월 14일, 15일에 공연하기로 한 근방 마을의 시장들은 자신들의 동네에서 서커스를 하고 싶다면 메리는 같이 올 수 없다, 그 코끼리는 죽여야 한다고 못을 박았습니다. 스파크는 어쩔 수 없이 동의했죠. 당시 서커스단 직원들은 메리가 그전에는 한 번도 그렇게 성질을 내는 것을 본 적이 없다고 증언했지만 별 도움은 되지 않았습니다.

코끼리를 당장 죽이라는 사람들 앞에서 스파크는 코끼리를 쉽게 죽이는 방법은 없다며 세상에 그 어떤 총도 코끼리는 죽이지 못한다고 단언하였습니다. 사실 코끼리를 총으로 죽이려면 귓속에 총을 쏘면 되는 것을 스파크도 잘 알고 있었을 텐데 왜 그렇게 말했는지를 두고 사실 살리고 싶은 것이었다거나, 공개적인 장소에서 총으로 코끼리를 죽이기엔 구경꾼들에게 위험할 수 있고, 사적인 장소에서 하자니 구경꾼들이 올 수 없어 서커스 홍보가 되지 않기 때문이라는 얘기까지 여러 추측이 있습니다.

어쨌든 서커스단 주인이 총으로 해결하지 못한다고 하자 사람들은 메리를 죽일 여러 방법을 제안하기 시작했습니다. 당시 제안된 참 잔인하고도 비인간적인 방법들은 대포를 쏘아서 죽이자, 2대의 기차 사이에 끼워 서서히 압사시키자, 기차 하나에 머리를 묶고 다른 기차에는 다리를 묶어서 찢어 죽이자, 감전시켜 죽이자는

처형장으로 향하는 다리를 건너길 거부하고 있는 탑시.

것 등이 있었습니다(참고로 마지막 방법은 실제로 이루어져서 1903년, 사람을 죽인 탑시라는 코끼리가 발명가 토머스 에디슨의 도움으로 무려 6,600볼트의 전기에 감전당해 처형되었습니다). 결국 스파크는 메리를 철도 조차장에 있는 기중기에 목을 매다는 교수형에 동의하였습니다.

오후 4시에 거행될 코끼리 처형식을 보기 위해 무려 2,500여 명의 사람이 몰려든 1916년 9월 13일은 어둡고 흐린, 울적한 날이었습니다. 스파크는 무척 불안해하는 메리를 처형대로 끌고 오며 작별인사를 하랍시고 다른 코끼리들도 데려왔습니다. 그리곤 메리를 혼자 두고 떠나기 싫어하는 다른 코끼리들을 다시 우리로 넣으려 끌고가면서 메리가 따라오는 것을 막기 위해 메리의 다리를 기중기에 쇠사슬로 묶어두었습니다.

곧 메리의 목에는 두꺼운 쇠사슬이 감겼고 기중기는 버둥거리고 비명을 지르는 메리를 서서히 들어 올렸습니다. 하지만 누군가가 기중기에서 메리의 다리를 풀어주는 것을 깜빡 잊어버린 탓에 메리는 끔찍한 고통을 겪어야 했습니다. 당시 처형식을 지켜본 사람들의 증언에 따르면 메리의 다리에서 힘줄이 끊어지고 뼈가 빠지는 소리가 선명하게 들렸다고 합니다. 결국 메리의 목에 연결되어 있던 쇠사슬이 끊어져 4.5톤의 메리는 허공에서 바닥으로 순식간에 추락하였습니다. 메리가 추락하는 순간 구경하던 사람들은 모두 '우지끈!' 하는 굉음을 들었다고 하며, 그렇게 메리의 엉덩이 뼈가 부서졌습니다.

그제야 메리의 다리에 감긴 쇠사슬을 풀어준 사람들은 눈물을 흘리며 고통 속에 신음하는 메리의 목에 다시 한 번 쇠사슬을 감았습니다. 기중기는 다시 한 번 메리를 하늘로 들어 올렸고 허공에서 비명을 지르며 몸부림을 치던 메리는 약 30분 후에야 결국 몸이 축 처지며 숨을 거뒀습니다. 상황을 지켜보던 수의사가 사망 판정을 내린 뒤에야 메리는 지상으로 내려올 수 있었죠.

메리는 죽은 곳 근처에 묻혔습니다. 충격적이게도 당시 언론사

처형당하는 메리의 모습. 인간의 잔인함이 부른 슬프고도 비극적인 한 장면이다.

에서는 사진을 제대로 못 찍었다며 메리의 무덤을 파헤쳐서 다시 매달아달라는 요구를 해오기도 했지만, 천만다행으로 이는 받아들여지지 않았습니다. 메리가 죽은 날 밤, 메리와 몇 년을 동고동락했던 코끼리 한 마리는 괴로워하다가 결국 우리를 탈출하였습니다. 그 코끼리는 메리가 죽은 곳으로 곧장 달려갔지만, 이내 서커스단원들에게 붙잡혀 얻어맞고 다시 우리로 끌려갈 수밖에 없었습니다.

코끼리의 습성을 생각해보면, 그 코끼리가 원했던 건 그저 죽은 메리의 곁으로 가서 친구를 쓰다듬고 눈물을 흘리며 작별인사를 하고 싶을 뿐이었을 것입니다. 하지만 서커스단의 코끼리에겐 버려진 수박 껍질을 먹는 것도, 죽은 친구와 작별하는 것도, 모두 허락되지 않는 사치였습니다.

20. 날아라, 셰르 아미!

– 제1차 세계대전에서 500여 병사의 목숨을 구한 작은 비둘기

외출할 때면 길을 걸어 다니는 비둘기들을 많이 보고는 합니다. 비둘기는 사람을 무서워하기는커녕 종종걸음으로 걸어서 대충 도망가곤 한다며 싫어하는 사람도 많습니다(하지만 우리 곁의 비둘기 중에는 매연과 소음, 영양 부족, 동상, 학대 등으로 눈이나 귀가 멀거나 발가락이 잘려나가는 등 부상 때문에 잘 움직이지 못하는 경우도 많으니 너무 미워하진 말아주세요). 우리 곁에 이토록 많은 비둘기는 그 수가 너무 많아서 여러 국가에서 해로운 새 취급을 받고 한국에서는 '닭둘기'라는 불명예스러운 별명으로 불리기도 합니다만, 그들도 한때는 인간의 전쟁에 끼어 부상을 입거나 사망하면서 인간의 목숨을 살리는 데 한몫을 하기도 했습니다. 그중 가장 유명한 비둘기는 '친애하는 친구'라는 뜻의 이름을 가진 '셰르 아미(Cher Ami)'입니다.

그리운 연인이나 보고 싶은 가족, 오랜 친구의 소식을 가져다주는 비둘기는 항상 반가운 손님이었다.

때는 제1차 세계대전이 끝나기 두 달 전이었습니다. 프랑스 북동부에 있는 구릉지대인 아르곤 숲의 특정 지역에 도달해야 했던 찰스 위틀시 소령은 77보병사단(3개의 보병연대와 1개의 포병연대 등으로 이루어진 전술부대)을 이끌고 숲으로 진격해 들어갔습니다. 하지만 다음 날이 되자 554명의 군인들과 위틀시 소령만 남아 있었고 나머지 아군과 이들 사이에는 독일군이 진을 치고 있었죠. 엎친 데 덮친 격으로 독일군이 통신망을 망가뜨린 탓에 포병연대와는 연락이 닿지 않았고, 포병연대는 아군이 독일군 너머에 있을 것이라고는 상상도 못한 채로 자기들 딴에는 적에게 포격을 가하고 있었습니다. 하지만 포탄 대부분이 위틀시 소령이 지휘하는 부대원들에게 명중되고 있었죠.

병사는 500명이 넘고 식량은 단 하루치밖에 없는 상황인데다가 아군의 공격에 하루 만에 부대원 4분의 1이 죽어나가자 위틀시 소령은 서둘러 이 상황을 알리려 시도합니다. 하지만 독일군은 미군이 달아나도록 내버려둘 생각이 없었습니다. 하루하루가 지나가는 동안 부대원들은 자신이 몰래 독일군의 곁을 지나서 아군에게 우리의 위치를 알리겠다며 나섰지만, 이들은 모두 발각되어 포로가 되거나 사망하였습니다. 다른 육로로 가는 것은 불가능하고, 아군이 포탄을 쏘아대는 와중에 전투하기도 어렵고 통신은 불가능하니 이제 남은 희망은 하늘을 날아 편지를 전달해줄 비둘기뿐이었습니다.

「비둘기의 목에 편지를 매는 젊은 여인」. '나의 편지를 잘 전해주렴.' 이라고 속삭이는 듯하다.

비둘기는 반드시 집으로 돌아오는 놀라운 귀소본능에다 뛰어난 방향 감각을 갖추고 심지어 오래 날기까지 하는데요. 이런 비둘기의 습성을 이용하여 편지를 전달하도록 훈련시킨 것을 '전서구(傳書鳩)'라고 부릅니다. 무려 기원전 3000년에 이집트에서 사용한 기록이 남아 있을 정도로 오랜 역사를 자랑하고 있죠. 그러므로 제1차 세계대전 때도 부대장들은 아군에게 연락할 수 있는 비둘기를 몇 마리씩 새장에 넣어 데리고 다녔습니다. 죽느냐 사느냐가 눈앞에서 왔다 갔다 하는 77보병사단에게 남은 비둘기는 총 일곱 마리였습니다. 원래는 더 많았으나 굶주린 부대원들이 한 마리 한 마리 잡아먹다 보니 일곱 마리밖에 남지 않았죠.

비둘기를 날려 보내는 일은 생각보다 비밀스럽지 않습니다. 비둘기가 편지를 전달한다는 것을 양측이 빤히 알고 있는 상황에 적군이 있는 방향에서 하늘로 날아오르는 새라니, 무슨 목적을 갖고 날아가는 것인지는 뻔하니까요. 그렇게 위틀시 소령의 간절한 마음을 담아 적은 편지를 다리에 매달고 날아간 여섯 마리 비둘기들은 한 마리, 한 마리 독일 병사의 총을 맞고 땅으로 추락해버렸습니다. 이제 남은 비둘기는 단 한 마리, 셰르 아미뿐이었죠.

셰르 아미는 부대원들에게 있어 마지막 희망이었습니다. 이들은 "우리 포병연대가 우리 머리 위로 포격하고 있다. 제발 멈춰줘!"라며 자신들의 위치와 상황을 설명한 간절한 편지를 써서 셰르 아미의 다리에 매달았습니다.

벌써 일곱 차례나 임무를 훌륭하게 완수한 베테랑이었던 셰르 아미니까 잘해낼 것이라고들 믿었지만 정작 셰르 아미는 이번 임무가 영 마음에 들지 않는 모양이었습니다. 비둘기는 발에 부대원들의 목숨이 달린 중대한 편지를 달고도 시큰둥하게 날아올라 나무 위에 앉아 쉬었습니다. 마음이 조급해진 군인들은 돌을 던지고 나무 조각을 던졌지만 셰르 아미는 유유자적 날아 근처의 다른 나무로 가서 앉을 뿐이었죠. 발을 동동 구르다 여기서 죽을 수는 없다고 생각한 한 군인이 나무를 타고 올라가 셰르 아미가 앉은 가지까지 가서 가지를 흔들며 셰르 아미를 쫓아낸 뒤에야 셰르 아미는 임무를 수행하기 위해 하늘로 힘차게 날아올랐습니다.

셰르 아미가 날아오르자 곧바로 독일군의 총알 수십 발이 날아들었습니다. 미군이 숨 죽이고 지켜보는 가운데 셰르 아미는 총에 맞고 공중에서 추락했습니다. 아, 이대로 희망이 사라지는가 싶던 순간, 셰르 아미는 휘청거리며 다시 날아올라서는 40킬로미터 거리를 25분 만에 주파하며 편지를 무사히 전달하는 데 겨우겨우 성공했습니다.

임무를 마치고 땅에 내려앉은 셰르 아미의 상태는 처참했습니다. 총알에 맞아 다리 하나는 힘줄에 겨우 매달려 있을 정도로 사실상 떨어져 나갔고, 가슴에도 총알 조각이 박혀 있었으며 한쪽 눈은 실명되었습니다. 그러나 셰르 아미가 힘겹게 전달한 편지 덕분에 아군의 포격은 멈추었고, 무려 194명의 군인이 사실상 이 작은

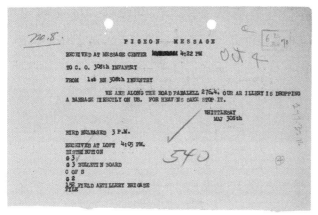

셰르 아미에게 매달아 날려 보낸 편지. "우리 포병연대가 우리 머리 위로 포격하고 있다. 제발 멈춰줘!"라는 간절한 내용이 적혀 있었다.

암비둘기 덕분에 살아날 수 있었습니다.

이후, 셰르 아미는 군의관들의 정성 어린 손길 아래 건강을 회복할 수 있었습니다. 아쉽게도 다리 하나는 잘라내야만 했지만요. 셰르 아미에게 고마움을 표시하고 싶었던 군인들은 셰르 아미를 위해 작은 의족을 만들어 달아주었습니다. 전쟁 영웅이 된 셰르 아미는 많은 훈장을 받았습니다. 그중에는 프랑스 정부에서 내려준 무공십자훈장도 있었죠.

이제 모든 미국 아이들의 사랑을 받게 된 셰르 아미는 장군의 손 위에 올라 배에 오른 뒤 배 안에서는 자기만의 방까지 제공받는 등 융숭한 대접을 받으며 미국으로 갔고 거기서 많은 관심과 보살핌을 받으며 살다가 1년 뒤인 1919년, 전쟁 때 얻은 부상으로 인한 합병중으로 세상을 떠났습니다. 오늘날에도 미국 워싱턴 D. C.에 있는 스미소니언박물관에 가면 박제된 셰르 아미와 셰르 아미가 받은 무공십자훈장을 만나볼 수 있답니다.

21. 자연은 거대한 고양이인가?

– 20세기를 발명한 천재 과학자가 사랑한 고양이와의 불꽃 튀는 추억

니콜라 테슬라. '20세기를 발명했다'는 평가를 받을 정도로 놀라운 업적을 일궈낸 천재 과학자입니다. 과거 오스트리아 제국, 오늘날 크로아티아에서 1856년에 태어난 테슬라는 놀라운 천재성으로 유명하며, 특히 전기 분야에서의 업적들은 테슬라를 쫓아올 자가 없다는 칭송을 듣곤 합니다. 5살부터 발명을 하기 시작하여 평생 무려 700여 가지 발명을 했고 다른 이들에게 특허권을 여럿 빼앗겼는데도 불구하고 25개국에서 최소 272개의 특허를 획득한 위대한 발명가이기도 합니다.

그런 테슬라는 어릴 적에 고양이 한 마리를 키웠습니다. 고양이 이름은 마칵(크로아티아어로 '수고양이'라는 뜻)이었죠. 마칵을 무척 사랑했던 테슬라는 마칵을 자세히 관찰하다가 어둠 속에서도 파지직, 빛을 내는 정전기를 발견하게 됩니다. 털이 복슬복슬한 고양이나 강아지와 함께 겨울을 맞이하면 손끝을 짜릿하게 만드는 정전기에 놀라고는 하는 우리처럼 말이죠. 테슬라는 그때부터 전기에 푹 빠져 전기를 연구하기 시작했고, 수많은 발명을 해내게 됩니다. 테슬라가 어떤 어린 시절을 보냈고 고양이 마칵과는 어떤 사이였는지를 알 수 있는 테슬라가 노년에 쓴 한 통의 편지가 있습니다. 한번 읽어볼까요?

친애하는 포티크 양,

기묘한 우연에 의해, 제가 태어나고, 슬프고 즐거운 여러 모험을 했던 집과 마을을 보여주는 1939년의 유고슬라비아 달력을 보내드립니다. 6월의 사진을 보시면 나무로 무성한 보그다낙 언덕 아래 있는 예스러운 건물을 발견하실 수 있습니다. 옆에는 교회가 있고 뒤쪽으로는 조금 올라가면 묘지가 있습니다. 우리와 가장 가까운 이웃은 2마일 거리에 있죠. 겨울에 6~7피트의 눈이 내리면 우리 집은 완전히 고립되었습니다.

어머니는 지칠 줄 모르는 분이셨습니다. 가족들이 단잠에 빠져 있는 사이, 새벽 4시부터 밤 11시까지 규칙적으로 일하셨죠. 저는 눈을 감는 대신 어머니가 집안일을 하기 위해 종종걸음을 걷거나 어쩔 땐 뛰기도 하는 모습을 즐거운 마음으

20세기를 발명한 천재 과학자 니콜라 테슬라. 고양이를 사랑하고 고양이와의 추억을 평생 소중하게 간직한 애묘가이기도 했다.

로 지켜보고는 했습니다. 어머니는 하인들에게 가축을 돌보도록 지시했고, 직접 우유를 짜고, 수많은 일거리를 혼자서 해내고, 식탁을 차리고, 집안 사람들 모두를 위한 아침 식사를 만들곤 했습니다. 가족들은 식사가 다 준비되었을 때쯤에나 침대에서 일어났죠. 아침을 먹고 나면 가족들은 모두 어머니를 본받아 부지런히 일하며 즐겼고 그를 통해 어느 정도 행복해했습니다.

그중 가장 행복한 사람은 저였습니다. 제 즐거움을 담당한 것은 세상에서 가장 훌륭한 고양이인 마캉이었죠. 우리 사이의 애정이 어느 정도였는지 설명할 길이 있었으면 좋겠네요. 우리는 서로를 위해 살았습니다. 제가 어딜 가든, 마캉은 절 사랑하고 보호하고자 하는 마음에 따라왔죠. 만약 필요하다면 마캉은 키를 2배로 부풀리고 등을 굽히고 꼬리와 수염을 쇠막대처럼 단단히 만들고는 분노에 가득 찬 하악거리는 소리를 내고는 했습니다. 아주 무서운 모습이었기 때문에 마캉을 화나게 한 것이 동물이든 사람이든 상관없이 다들 그 모습을 보면 허둥지둥 달아나버렸습니다.

매일 저녁, 우리는 집에서 출발해 교회 벽을 따라 달렸고 마캉은 절 따라오다가 바지를 붙잡고는 했습니다. 마캉은 절 깨물기라도 할 것처럼 굴었지만 정작 날카로운 이는 옷을 뚫고 들어오면 마치 꽃잎 위에 내려앉은 나비처럼 부드러워졌죠. 마칵이 가장 좋아한 놀이는 저와 풀밭에서 뒹구는 것이었습니다. 풀밭에서 놀고 있을 때면 마칵은 좋아서 어쩔 줄 모르며 깨물고 할퀴고 부드러운 울음소리를 내곤 했습니다. 전 그런 마칵에게 푹 빠져 저 역시 깨물고 할퀴고 부드러운 울음소리를 내곤 했죠. 우리는 환상적인 즐거움에 뒹굴고 뒹굴며 놀았습니다. 비가 내리는 날만 제외하고요.

물에 관해서라면, 마칵은 그야말로 철두철미했습니다. 발바닥이 물에 젖는 것을 피하고자 6피트가 넘는 높이로 펄쩍 뛰어오르고는 했죠. 비가 내리는 날이면 우리는 집 안으로 들어가 놀기 좋은 안락한 장소를 찾았습니다. 마칵은 흠잡을 데 없이 말끔한 고양이였습니다. 벼룩이나 다른 벌레도 없었고 털도 날리지 않았으며 불만을 가질 만한 그 어떤 흠도 없었죠. 마칵은 기특하게도, 밤에 나가고 싶다는 뜻을 전할 때면 아주 조심스러웠습니다. 다시 들어오고 싶을 때도 문을 가볍게 긁었죠.

이제 제가 평생 잊을 수 없는 신기한 경험을 말씀드리겠습니다. 우리 집은 해수면보다 1,800피트 높이에 있었고 겨울이면 늘 건조한 날씨였죠. 하지만 간혹 아드리아 해에서 따뜻한 바람이 오랫동안 불어오면 눈이 녹아 땅에 홍수를 일으키고 재물과 사람의 목숨을 앗아갔습니다. 우리는 엄청난 힘의 홍수가 자기 앞의 모든 것을 부수며 지나가는 것을 목격하곤 했죠. 종종 어릴 적의 기억을 떠올리며 이때를 추억할 때면, 귓가에 물소리가 들려오고 눈에는 격동의 홍수가 벌이던 광란의 춤이 선명히 그려집니다. 하지만 건조하고 춥고 흠잡을 곳이 없이 새하얀 눈밭과 겨울의 기억은 언제나 그립습니다.

사건은 다른 어느 날보다 건조하고 추웠던 날 일어났습니다. 사람들이 눈밭을 걸어가면 반짝이는 흔적이 남았고 물건에 눈덩이를 던지면 칼로 자른 설탕 덩어리처럼 순간적으로 빛이 났습니다. 해가 저물고 있던 오후, 저는 마칵의 등을 쓰다듬었는데, 그 순간 깜짝 놀라 입을 다물 수 없게 하는 기적을 보았습니다. 마칵의 등에선 빛이 쏟아졌고 제 손에선 집 전체에 울려 퍼질 정도로 커다란 파지직 소리가 무수히 났거든요.

아버지는 무척 아는 것이 많은 분이라 모든 질문에 답을 알고 계셨습니다. 하지만 이 일은 아버지에게도 새로운 일이었죠. 뜸을 들이던 아버지는 결국, "음, 별건 아니고 그냥 전기구나. 폭풍우 때 나무 사이로 보이는 것처럼 말이야."

어머니도 무척 매료된 것 같았습니다. "고양이 가지고 그만 장난치렴, 그러다 고양이가 불내겠다." 하지만 저는 추상적인 생각에 빠져 있었습니다. 자연은 커다란 고양이인 걸까? 그렇다면 누가 그 고양이의 등을 쓰다듬는 걸까? 저는 그릴 존재는 신밖에 없을 것이라고 결론 내렸습니다. 고작 3살일 때도 철학적인 생각이나 하고 있었네요.

첫 사건은 매우 충격적이었지만 더 놀라운 일이 다가오고 있었습니다. 점차 날이 어두워지자 방의 초를 밝혔습니다. 마칼은 방을 가로질러 몇 발자국을 걷는 동안 마치 물웅덩이를 지나는 것처럼 계속 발을 털어댔습니다. 저는 마칼을 주의 깊게 바라보았습니다. 제가 무엇을 본 것일까요, 아니면 환상인 걸까요? 유심히 바라보았더니 마칼의 몸이 마치 성인의 광환처럼 빛나고 있었습니다.

이날의 멋진 경험이 어린 저의 상상력에 미친 영향력은 더 과장할 필요도 없을 정도로 엄청났습니다. 매일 저는 "전기란 무엇일까?"라고 스스로 되물었지만, 답을 찾지 못했습니다. 그날로부터 80년의 세월이 지났지만 전 지금도 같은 질문을 하고 답을 하지 못합니다. 어쩌면 세상에 너무 많은 가짜 과학자들은 자신이 이 질문에 답할 수 있을 거라고 할지 모릅니다만, 그들을 믿진 마십시오. 만약 그들 중 답을 아는 자가 있다면 저도 이미 답을 알았을 테니까요. 3세대에 이르는 과학 연구에 제 삶을 바쳐온 저의 실험실 연구와 실생활에서의 경험이 그 어떤 가짜 과학자들보다 풍부하니까 말입니다.[주22]

어린 시절에 대한 따뜻한 추억과 그리움이 가득한 편지이죠? 훗날 테슬라는 최초의 교류유도전동기, 테슬라 변압기, 테슬라 코일, 확대 송신기, 라디오, 무선 원격 조종, 네온전구 등을 발명했으며 심지어 전 세계와 통신할 수 있는 무선전신탑까지 세우려 시도하였습니다. 어린 천재에게 전기에 대한 무한한 호기심과 애정을 갖게 만든 존재가 다름 아닌 고양이라니, 역시 고양이는 못하는 게 없는 존재네요!

22. 부릉부릉, 멍멍, 출발!
– 최초의 미 대륙 자동차 횡단 모험에 함께한 개, 버드

"말은 늘 이 자리에 있겠지만 자동차는 신기한 장난감일
뿐이오. 일시적인 유행이지."

　미국을 대표하는 자동차 회사 포드의 창립자인 헨리 포드가 회
사를 설립하기 위해 미시건 저축은행에 대출을 받으러 갔을 때, 은
행장이 헨리 포드의 변호사에게 한 조언입니다. 자동차 회사에
5,000달러나 되는 돈을 투자하는 것은 어리석은 선택이라며 말이
죠. 변호사는 현명하게도 은행장의 충고를 듣지 않았고 변호사가
투자했던 5,000달러는 훗날 1,250만 달러가 되어 되돌아왔습니다.
　오늘날 우리가 보기에는 은행장의 충고가 우스워 보일 수 있겠
으나 1903년에는 누가 들어도 타당한 이야기였습니다. 갓 태동한

자동차 산업은 이제 막 목을 가누기 시작하는 수준이었습니다. 자동차는 단지 말 없이 움직이는 신기한, 하지만 위험하고 믿음직하진 않은 부자들의 장난감일 뿐이었죠. 오늘날 우리에겐 너무나 평범한 풍경인 주유소나 신호등, 자동차 도로는 아직 존재하지 않았고 대도시에나 말뿐만 아니라 차도 다룰 줄 아는 사람이 한두 명 있을 정도였습니다. 자동차에게 일반 대중의 교통수단으로서의 미래가 있다는 생각은 초기 자동차 애호가들에게나 설득력 있는 소리일 뿐, 다른 사람들에겐 비웃음이나 사기 일쑤였습니다.

1903년 5월 19일 저녁, 샌프란시스코의 대학 클럽에서는 상류층 남성들이 모여 토론을 벌이고 있었습니다. 날씨, 정치, 최근 뉴스 등을 다루던 대화 주제는 최근 사람들이 종종 타기 시작한 자동차라는 신문물로 이어졌습니다. 사람들은 과연 이 우스꽝스러운 반쪽짜리 마차 같은 것이 쓸모 있겠느냐는 이야기를 나눴고, 다들 결론은 가까운 거리나 갈 때 쓰면 몰라도 장거리는 충성심 높고 믿음직한 말이 최고라며 고개를 끄덕였죠.

하지만 그중에는 클럽에 손님으로 찾아왔던 호라시오 넬슨 잭슨이 있었습니다. 버몬트 주 출신의 의사였으나 폐결핵을 약하게 앓고 난 후로는 멕시코와 알래스카 등지로 투자 기회를 엿보는 여행을 하며 지내고 있던 31살의 잭슨은 자동차에 아주아주 관심이 많은 자동차 애호가였습니다. 샌프란시스코에 들른 것도 자동차를 2대 사고 운전 연습을 한 뒤 자동차를 기차에 태워 고향인 버몬

잭슨의 미 대륙 횡단 모험에 함께하는 영광을 얻게 된 1903년형 〈윈턴〉.

트로 보내기 위해서였죠. 잭슨은 금세 열을 내며 자동차의 미래를 옹호했지만 이는 아주 외로운 싸움이었습니다. 그의 편은 아무도 없었죠.

　자동차를 타고 미국을 횡단하는 것도 가능하다는 잭슨의 주장에 다른 남자들은 말도 안 되는 소리라며 고개를 내저었으나 잭슨이 계속 진지하게 얘기하자 결국 한 사람이 내기를 제안하였습니다. 그는 샌프란시스코에서 뉴욕 시까지 90일 안에 횡단을 완료할 수 있는 사람은 아무도 없다는 데 50달러를 걸었죠(1903년의 50달러는 2018년 기준 1,397달러, 우리 돈 155만 원 정도입니다). 그 말을 들은 잭슨은 벌떡 일어나 그 내기 받아들이겠다고 외쳤고 나흘 만에 샌프란 시스코를 떠날 준비를 마쳤습니다.

'자동차를 타고 미국 횡단? 뭐 좀 힘들긴 하겠지만 못할 것도 없는 거 아닌가?' 싶을 수 있지만 사실 잭슨이 성공할 확률은 굉장히 희박했습니다. 요즘에야 GPS 기반 내비게이션의 시대를 지나 자율주행차까지 나오고 있지만 당시에는 변변한 지도조차 없었습니다. 당시 미국 전역의 도로는 3,700만 킬로미터에 달했는데 그중 포장도로는 고작 240킬로미터밖에 되지 않았습니다. 그것도 대부분이 동부 대도시 안에 있었죠. 도로 표지판이나 신호등은 물론, 주유소도 없었고(미국 첫 주유소는 2년 뒤인 1905년에야 세인트루이스에 생겼습니다), 자동차 역시 오늘날처럼 안전하고 튼튼하지 않고 툭하면 멈추고 고장 나기 일쑤였죠. 심지어 잭슨은 초보 중의 초보로 운전을 해본 적도 별로 없었던 데다 자동차 수리에 대해서는 아는 것이 하나도 없었습니다.

그래도 사람이 말을 했으면 지키려 노력해야 하니(게다가 내가 사랑하는 것을 다른 사람이 욕하면 화나니까), 어떻게든 성공하고야 말겠다는 일념으로 잭슨은 준비를 시작했습니다. 우선 함께 여행을 떠날 수리공을 섭외하기로 했죠. 잭슨의 눈에 들어온 워싱턴 주 타코마 출신의 22살 시웰 K. 크로커는 과거에 자전거 경주 선수를 했으며 지금은 가솔린 엔진 공장에서 기술자로 근무하고 있는 전문가였습니다. 그렇게 그 길고 힘든 여행을 할 동료가 생겼습니다. 함께

복잡한 군중 사이를 손쉽게 뚫고 지나갈 수 있다는 〈윈턴〉의 광고.

여행하기로 한 크로커는 잭슨에게 윈턴 사에서 나온 〈윈턴〉을 구매하라고 조언했습니다. 당시 출시되는 자동차 중 가장 튼튼하고 믿음직하다면서 말이죠(과연 얼마나 믿음직할지는 앞으로 잘 지켜보세요).

하지만 당시 샌프란시스코에는 윈턴 사의 신차가 없었기에 잭슨은 체리레드 색깔의 중고 〈윈턴〉을 구매하였습니다. 거의 1,000마일이나 달린 데다 타이어 상태도 좋지 않았지만 잭슨이 급하다는 것을 꿰뚫어 본 차주는 처음에 제시한 2,500달러에 500달러를 추가로 불렀습니다. 경험도 없고 기술도 없었지만 그 모든 것을 해결해주는 마법인 돈만큼은 유산을 받은 아내 덕분에 잔뜩 있었던 잭슨은 기꺼이 3,000달러라는 거액(현재 가치로 약 9,400만 원)을 지불하고 중고차를 구매했습니다.

잭슨이 고향 명을 따서 〈버몬트〉라 이름 붙인 이 자동차의 스펙은 어마어마하게도 20마력을 자랑했습니다(참고로 75마력의 소형차 쉐보레 〈스파크〉부터 1,479마력의 스포츠카 부가티 〈디보〉에 이르기까지 오늘날 자동차들은 평균적으로 몇 백 단위의 마력을 갖고 있습니다). 2개의 실린더에 최고 속도는 시속 48킬로미터였죠. '48킬로미터로 달려서 어느 세월에 미국을 횡단한담?' 싶지요.

자, 동료도 있고 자동차도 있으니 이제 준비물만 채워 넣으면 출발 준비 끝입니다! 잭슨과 크로커는 침낭, 담요, 갈아입을 옷, 물통, 도끼, 삽, 권총, 라이플, 망원경, 기름통, 조리 도구, 밧줄, 낚시용

품, 코닥 카메라, 안경, 만년필, 수리 도구, 차 부품 등을 차에 잔뜩 실었습니다.

남편의 위험한 도전을 허락한 아내는 먼저 고향으로 돌아가 있기로 했기 때문에 잭슨은 아내가 탄 기차를 배웅하고는 1903년 5월 23일 이른 오후에 출발 준비를 마쳤습니다. 사람들과 작별인사를 한 뒤 동쪽으로, 동쪽으로 가는 여행의 시작은 참 좋았습니다. 날씨도 좋고 바람도 살랑살랑 불어왔죠. 하지만 그렇게 기분 좋은 여행의 시작은 고작 24킬로미터를 달린 후 끝이 났습니다. 처음 살 때부터 불안했던 뒷바퀴가 펑, 하고 터져버렸거든요. 샌프란시스코 전역을 뒤져서 겨우 딱 하나 찾을 수 있었던 예비 타이어로 교체한 뒤에야 두 사람은 다시 출발했습니다.

다음 날 기름을 사러 들른 잡화점의 주인은 말 없는 마차를 보고는 눈이 휘둥그레져서는 이것저것 물어본 뒤 자기가 나이 들면 전 재산을 털어 이 신기한 마차를 사겠노라 말하였습니다. 자기는 분명 차를 남의 집에 들이박을 것이고 그걸 다 물어주다 보면 자식들이 싸워댈 유산을 하나도 남기지 않고 죽을 수 있을 것이라며 말이죠. 그렇게 달리고 달려 둘째 날 밤 캘리포니아의 새크라멘토에 도착해서는 너무 어두워 쓸모가 없는 1개짜리 헤드라이트를 수리하였습니다. 자동차가 신기했던 동네 사람들은 잭슨과 크로커 주위로 우르르 몰려들어 차를 구경하고 앞으로 갈 길에 대해 아주 유용한 이런저런 조언들을 해주었습니다. 조잡하고 단순하긴 했으나

지도도 제공해주었죠.

지도도 생겼겠다, 자신감이 붙은 잭슨과 크로커는 새롭게 출발을 했습니다. 이들이 이번에 달린 길은 울퉁불퉁 나무뿌리가 다 드러나 있는 과수원 오솔길이었습니다. 차는 미친 듯이 덜컹거렸고 차에 탄 사람들의 몸은 한시도 쉴 새 없이 올라갔다 내려갔다 흔들거리기를 반복했습니다. 뇌가 덜컹거리는 기분에 정신을 못 차리던 잭슨네가 문득 뒤를 돌아보고 깨달은 것은 바로 뒤에 실어둔 짐들이 차가 덜컹거릴 때마다 하나씩 탈출을 하고 있었다는 것이었습니다. 그렇게 잭슨은 포크와 숟가락과 냄비를 줄줄이 잃어버렸습니다.

엎친 데 덮친 격으로 길까지 잃어버린 잭슨 앞에 하얀 말을 탄 빨간 머리 여성이 지나갔습니다. 잭슨은 얼른 길을 물었고 여인은 길을 가리키며 저 길을 쭉 따라가면 된다고 일러주었죠. 하지만 80킬로미터를 달리고 달렸을 때 잭슨의 앞에 나타난 것은 막다른 길 끝에 있는 농가와 생전 처음 보는 자동차를 동그래진 눈으로 바라보고 있는 그 집 식구들이었습니다. 잭슨이 길을 다시 묻자 그들은 왔던 길을 되돌아가야 한다고 알려주었죠. 되돌아가는 길에서 그 여인을 다시 만난 잭슨이 도대체 왜 길을 엉뚱하게 알려주었느냐고 묻자 여인은 황당한 답을 했습니다. "엄마 아빠와 남편이 당신들을 한 번 봤으면 싶어서요. 다들 생전 자동차를 한 번도 본 적이 없거든요."

그다음은 섀스타산 등반이었습니다. 요즘 자동차들도 오르기 힘든 해발 4,317미터의 가파른 산길을 올라가기 위해 잭슨과 크로커는 차를 한계까지 밀어붙였고 차는 얼마 지나지 않아 고장나버렸습니다. 두 사람은 산을 올라가다 말고 수리부터 해야 했죠. 그렇게 운전하다 말고 내려서 밀고 끌고 가던 와중에 간간이 시냇가가 등장하면 차에 밧줄을 동여매고 반대쪽 나무에 밧줄을 단단히 묶은 후 두 사람이 차를 이고지고 끌면서 몇 번이고 건너야 했습니다. 그러는 와중에 샌프란시스코에서 가져온 짐은 줄줄이 잃어버렸죠. 잭슨은 안경을 2개나 챙겨왔지만 여행 도중 둘 다 잃어버렸습니다.

산길을 달리던 중 한 번은 땅 주인이 나타나 길을 지나가려면 돈을 내라고 주장하기도 했습니다. 잭슨은 당시를 기억하며 "울퉁불퉁한 나쁜 상태의 길"을 지나기 위해 4달러(현재 가치 약 12만 원)를 내야 했다고 적었습니다.

그 와중에 타이어가 또 터졌습니다. 이제는 갈아 끼울 타이어가 없었기 때문에 밧줄을 감고 겨우겨우 다음 마을인 캘리포니아의 앨투러스에 도착했죠('아직도 캘리포니아야?' 싶으시다면 잘못된 정보와 지도의 부재, 자동차의 잦은 고장 때문에 아주 느릿느릿 가는 중이랍니다). 자동차를 생전 처음 본 앨투러스 사람들은 자동차 주변에 몰려들었고 잭슨은 동네 사람들을 차에 태워주었습니다. 전보를 보내 타이어 부품을 요청한 뒤 이곳에서 타이어가 도착하기를 기다렸지만 사흘을 기다려도 오지 않자 계속되는 고장으로 인한 지연에 짜증이 난 잭슨은 타이어를 포기하고 가죽과 밧줄을 칭칭 감은 바퀴를 달고 다시 출발하였습니다. 그다지 좋은 선택은 아닌 것 같은 불길한 예감이 들죠.

아니나 다를까, 길을 나선 지 얼마 되지도 않아 (놀랍게도 뒷바퀴는 버텨주었지만) 앞쪽의 스프링이 부러졌고 차의 속도는 시속 16킬로미터로 급감하였습니다. 그렇게 느릿느릿 무려 6시간이나 걸려 다음 도시인 오리건 주의 레이크뷰에 도착했을 땐 온 동네 사람들이 생전 처음 보는 자동차의 소식을 듣고 구경하러 아침부터 나와 있었습니다.

동네 대장간에서 스프링을 수리하고 다시 출발했지만 얼마 후 안의 튜브가 터졌고 결국 잭슨과 크로커는 왔던 길을 되돌아갈 수밖에 없었습니다. 샌프란시스코에서 그들을 따라오고 있던 짐이 드디어 역마차를 타고 6월 5일 밤에야 도착하자 하루를 하릴없이 기다리던 두 사람은 짐을 챙겨 싣고 부품을 교체하였습니다.

자, 이제 정말 완벽하게 준비가 끝났으니 6월 6일! 새로운 시작입니다. 앞에 펼쳐진 것은 광활한 오리건의 건조한 사막이니 이 정도 땅이야 금세 통과할 수 있겠죠? 아침부터 길을 잃어 2시간 정도 허비하긴 했지만 그 정도야 괜찮다며 달리던 잭슨과 크로커에겐 안타깝게도 차에서 점차 요상한 소리가 나기 시작했습니다. 바로 자동차의 기화기인 카뷰레터 안에 건조한 땅에서 피어오르던 먼지가 가득가득 들어차기 시작한 것이었죠. 결국 두 사람은 차에서 내려 먼지를 제거하고 다시 차에 올라탔는데……, 이번에는 시동이 안 걸립니다. 알고 보니 새로 갈아 끼운 배터리가 불량품이었죠. 이쯤 되면 읽는 우리도 진이 다 빠져 울고 싶을 지경이네요. 불량 배터리라도 어떻게든 시동만 걸리면 되지 않을까 싶어 안간힘을 써봤지만 자동차는 꿈쩍도 하지 않았습니다. 그렇게 아침 6시에 출발한 여행은 아무것도 없는 황량한 곳에서 오후 4시가 될 때까지 차를 붙잡고 아무 효과 없는 수리만 하다 하루가 지나가고 있었습니다. 이제는 차를 수리하는 것이 문제가 아니라 구조 요청을 해야 하는 것 아닐까 싶은 초조함이 몰려올 때쯤, 저 멀리서 멋들어지게 모자를 눌러쓴 카우보이가 말을 타고 느릿느릿 지나가는 것이 보였습니다.

이 시절, 이들이 있는 이 오리건 사막이 얼마나 아무것도 없는 곳이었냐면, 전미를 통틀어 기찻길에서 가장 멀리 떨어진 땅이 바로 이 오리건 사막이었습니다. 간혹가다 있는 동네에는 평생에 자동차는커녕 기차도 못 본 사람들이 수두룩한 곳이었죠. 이런 곳에서 사람을 만났으니 얼마나 기쁘겠습니까. 잭슨과 크로커는 카우보이를 부르기 위해 펄쩍펄쩍 뛰고 소리를 쳤지만 카우보이는 너무 멀리 있는 탓인지 그들을 보지 못하고 지나가버릴 듯했습니다. 다급해진 잭슨은 카우보이를 부를 방법이 없을지 고민하다가 총을 꺼내 허공에 총을 쏘았습니다.

말에게 견인되어 끌려가는 현대 최고의 발명품.

'탕-!' 하는 총소리가 나자 깜짝 놀란 카우보이는 고개를 돌렸고 요상한 기계와 함께 그 주변을 펄쩍펄쩍 뛰고 있는 두 사람을 발견하게 됩니다. 얼마 후, 당시 무려 3,000달러나 주고 구매한 최신식 〈윈턴〉은 얼떨결에 견인을 하게 된 불쌍한 말에게 질질 끌려 근처 목장으로 가게 되었습니다.

드디어 차를 수리하는 데 성공한 6월 7일이 되자 다시 달리기 시작했습니다. 이렇게 잭슨과 크로커가 자동차를 타고 미국을 횡단하던 당시는 아직도 황무지를 개간하여 자기 땅으로 삼으려는 개척자들이 남아 있던 시절이라 개척자 가족과 마주치기도 했습니다. 그야말로 과거와 미래가 만나는 순간이었네요. 그렇게 여행은 계속됩니다. 중간에는 계기판이 고장 나 거리가 가늠이 안 되기도 하고 구멍 난 기름 탱크로 인해 길에 줄줄 기름을 버리며 온 것을 뒤늦게 눈치 챈 바람에 그날의 목적지에 도착했을 땐 기름은 바닥에만 조금 남아 있기도 했습니다. 휘발유를 팔 만한 가장 가까운 마을은 40킬로미터 밖에 있었기 때문에 전직 자전거 경주 선수였던 크로커는 잭슨이 빌려온 자전거에 올라타 기름을 구하러 40킬로미터를 달리기 시작했습니다.

적어도 자전거는 편하게 타고 갔다 올 수 있지 않았을까요? 그럴리가요. 자전거는 가다 말고 바퀴가 터져버렸고 결국 크로커는 기름을 들고 자전거는 끌고 왕복 80킬로미터의 거리를 밤새 걸어와야 했습니다. 게다가 기름 값이 무서울 정도로 비싸서 겨우 15리터의 기름에 약 20달러(현재 가치 약 62만 원)를 지불해야 했습니다.

그 뒤로도 차가 진창에 처박혀 끄집어내고 실린더 오일이 떨어져 한참을 걸어가서 사오는 등의 고생을 한 끝에야 겨우겨우 6월 12일에 아이다호에 도착할 수 있었습니다. 잭슨은 훗날 자동차를 진흙탕에서 빼낸 횟수는 기억이 안 날 정도라며 그 시절의 고생에 진저리를 치는 기록을 남기기도 했습니다. 당시의 유일한 즐거움은 여행 중 온천을 발견해 진흙과 기름때가 가득 묻은 옷을 벗어던지고 목욕을 할 수 있었던 것이라고 합니다.

자, 그리고 드디어 아이다호 주의 콜드웰에서 이번 이야기의 주인공인 동물 친구가 처음으로 등장합니다. 여행을 시작할 때부터 마스코트인 강아지와 함께하고 싶어 했던 잭슨의 마음을 알아챘는지 한 남자가 잭슨에게 다가와 개 한 마리 사지 않겠느냐고 물었습니다. 이런 역사적인 여행에 마스코트가 빠질 수 있느냐며 말이죠. 강아지를 너무나도 갖고 싶었던 잭슨은 그 자리에서 곧바로 15달러를 지불하고 개를 품에 안았습니다. 핏불, 불테리어, 불독 등 종이 무엇인지에 대해서는 의견이 분분하지만 귀여운 것만은 틀림없는 버드의 등장이었습니다.

버드는 곧 덜컹거리는 자동차에 익숙해졌습니다. 유일하게 익숙해질 수 없던 것은 얼굴을 찌르고 눈에 들어가는 모래먼지였죠. 버드의 눈이 새빨개진 것을 본 잭슨은 서둘러 버드에게 맞춤형 고글을 만들어 씌워주었습니다. 처음에는 어색해했지만, 고글을 쓰면 눈이 아프지 않다는 것을 깨달은 버드는 곧 고글을 쓰지 않고서는 절대 차에 타지 않았다고 합니다.

영리한 버드는 길에 돌이나 나무 같은 장애물이 있으면 차가 크게 덜컹거린다는 것을 금세 깨닫고는 차 앞좌석에 앉아 길을 빤히 보다가 장애물을 발견하면 짖어서 알린 뒤 몸을 움츠려 충격을 최소화했습니다. 잭슨은 그런 버드가 얼마나 똑똑한지에 대해 자랑을 늘어놓곤 했죠. 하지만 행운의 마스코트인 버드도 이 여행의 고생을 끝장내지는 못했습니다.

아이다호 주의 남파에서는 잘못된 정보를 들어 한참을 갔다가 길을 되돌아와야 했고 커다란 수렁에 빠져서 차체의 절반이 끈적

눈에 모래먼지가 들어오는 것을 막아주
는 멋진 고글을 쓰는 것을 몹시 좋아하던
버드.

한 진흙에 파묻힌 탓에 말들을 끌고 와 차를 꺼내느라 시간을 허비
하기도 했으며 상한 물을 마신 버드가 다 토하고 끙끙 앓기도 했습
니다. 그렇게 여러 사건 사고를 거치며 부품들이 워낙 많이 고장
나고 있었기 때문에 잭슨은 윈턴 사에 직접 연락을 취했습니다. 현
재 미 대륙을 횡단하는 도전을 하고 있으니 부품을 좀 배달해달라
고 말이죠. 이때 윈턴 사는 처음으로 잭슨의 도전에 대해 알게 되
었습니다.

6월 16일쯤, 지금까지 있었던 모든 사고보다 더 큰 사고가 이들

에게 밀려오기 시작했습니다. 달리던 와중에 덜컹거리는 차에서 또 하나의 짐이 사라져버린 것을 깨달았는데, 그 짐은 가진 돈이 몽땅 들어 있는 재킷이었습니다. 순식간에 완전히 빈털터리가 된 잭슨은 자기 시계를 전당포에 판 뒤에야 아내에게 상황을 설명하고 돈을 좀 부쳐달라는 내용의 전보를 보낼 수 있었습니다. 요즘이라면 스마트폰으로 순식간에 해결할 수 있는 문제지만 이 시절엔 아내가 보낸 돈을 받기 위해 은행까지 또 몇 백 킬로미터의 여행을 해야 했죠. 하지만 잭슨은 그 정도야 며칠 안에 금방 도착할 수 있을 것이라고 생각했습니다. 그야말로 긍정왕이네요!

물론 잭슨이 돈이 없는 것에 아주 크게 걱정하지 않은 데는 긍정적인 마음가짐뿐만 아니라 다른 사람들이 자동차를 정말 좋아했다는 데도 이유가 있었을 것입니다. 농부에서 대장장이까지, 사람들은 자동차 한 번 타보는 대신에 음식과 잠자리, 그리고 기술을 제공해주곤 했거든요. 덕분에 잭슨은 돈이 거의 없이도 숙식을 해결하고 자동차를 수리할 수 있었습니다.

하지만 6월 20일이 되었을 때 지금까지 중 최악의 사고가 터졌습니다. 완전히 길을 잃어버린 탓에 셋은 무려 36시간을 쫄쫄 굶으면서 사람을 찾아 헤맸죠. 어찌나 배가 고팠는지 잭슨은 "벨트를 조여 갈수록 버드를 힐끔거리기 시작했다."고 적기도 했습니다. 이렇게 허무하게 아무것도 없는 곳에서 굶어죽는 것 아니냐고 생각할 때쯤 혼자 양 떼를 몰고 지나가는 양치기를 만났습니다. 아

생사고락을 함께한 자동차 〈버몬트〉에 올라타 있는 잭슨(왼쪽)과 크로커, 그리고 버드.

마 하늘에서 내려온 천사를 만난 기분이 아니었을까요. 양치기는

볼이 홀쭉해진 도시 사람들을 보고는 자기 식량인 구운 양고기와

삶은 옥수수를 선뜻 내어주었습니다. 훗날 잭슨은 이날 먹었던 음

식이 자기 살아생전에 먹은 최고의 음식이라고 칭송하였습니다.

역시 시장이 최고의 반찬인 법이죠. 너무나 고마웠던 잭슨은 음식

에 대한 대가로 뭐라도 주려 했지만 양치기가 아무것도 받으려 하지 않자 자신의 라이플을 양치기 손에 쥐여주었습니다. 잭슨은 아마 그가 자동차를 달라고 했으면 그 자리에서 주었을 것이라고 추억했습니다.

이제 아내가 보낸 돈을 받을 수 있는 마을까지 거의 다 왔을 때쯤 이번에는 타이어의 베어링이 떨어졌습니다. 정말 고장과 사고가 끊이질 않는군요. 크로커는 길을 가다 만난 농부에게 풀 베는 기계의 베어링을 달라고 설득했고 다행히 베어링을 갈 수 있었습니다. 아내가 보내준 돈을 찾은 뒤에도 클리브랜드의 윈턴 공장에서 부품이 오는 것을 기다리고 수리를 하는 시간 때문에 닷새 동안이나 가만히 기다리기만 하고 어떤 날은 아침 6시부터 밤 12시까지 고작 25킬로미터밖에 이동하지 못하는 등 계속해서 사고와 고장을 헤쳐나간 끝에 7월 12일이 됐을 때, 그들은 네브래스카의 오마하에 도착했습니다. 그리고 드디어! 포장도로가 나오기 시작해 속도가 확 나기 시작했습니다.

너무 속도를 낸 탓인지 뉴욕 주의 버팔로를 지날 때는 도로의 장애물을 못 봐서 두 사람과 강아지가 충격을 못 이기고 모두 차에서 튕겨져 날아가기까지 했습니다. 그래도 길이 훨씬 잘 다져진 덕분에 더 이상은 큰 문제를 겪지 않고 드디어 1903년 7월 26일, 잭슨과 크로커와 버드는 만신창이가 된 자동차를 끌고 사람들의 환영을 받으며 의기양양하게 뉴욕 시에 입성할 수 있었습니다.

네브래스카의 오마하에 도착한 삼총사와 환영 나온 시민들.

그렇게 잭슨과 크로커는 최초로 자동차를 몰고 북미 대륙을 횡단했습니다. 기록은 63일로 내기에서 말했던 90일보다 무려 27일이나 짧은 시간이었습니다. 버드는 최초로 자동차를 타고 북미 대륙을 횡단한 개가 되었죠. 언론은 앞다투어 이들의 모험 이야기를 실었고 잭슨은 수많은 인터뷰를 했으며 버드가 잭슨의 품에 안기게 된 사연은 수없이 재창조되었습니다. 잭슨이 버드를 몰래 훔쳐온 것이라는 이야기부터 유기견이었던 버드가 자동차를 계속 따라와서 어쩔 수 없이 태운 것이란 이야기까지 말이죠.

잭슨의 성공을 시기한 사람들이 악성 루머를 퍼트리기도 했습니다. 실은 잭슨이 2대의 차를 몰았다느니, 차를 분해해서 기차에

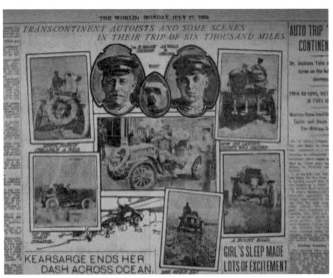

최초로 자동차로 미 대륙을 횡단하는 잭슨 일행에 관한 기사. 가운데에 고글을 멋지게 쓴 버드의 사진이 귀엽다.

실어서 이동했다느니 하며 말이죠. 이를 알게 된 윈턴 사에서는 이에 관련해 증거를 제공할 수 있는 사람에게는 1만 달러를 주겠다며 으름장을 놓았고 화가 난 잭슨 역시 자기도 그런 증거가 있으면 1만 5,000달러를 주겠다 했으나 이 돈을 받아간 사람은 아무도 없었습니다.

7월 30일, 잭슨은 뉴욕으로 온 아내와 버드를 데리고 자동차에 올라타 고향으로 돌아가는 일주일의 여행을 시작했습니다(저라면 이젠 자동차는 한동안 타고 싶지 않을 것 같지만요). 물론 그 일주일 역시 순조롭지 않았고 중간중간 사고와 고장으로 점철되어 있었습니다.

스미소니언박물관에 있는 〈버몬트〉와 잭슨, 그리고 멋진 고글을 쓴 버드.

'이거 아무래도 차 뽑기를 잘못 한 것 아닐까?' 싶으시겠지만 잭슨과 마찬가지로 차를 좋아한 잭슨의 형제들이 자기들의 차를 끌고 잭슨을 마중 나왔을 때, 오히려 형제들의 차가 둘 다 고장 나서 2대의 차를 모두 질질 끌고 집으로 돌아가야 했음을 보면 당시 자동차의 '안정성(?)'을 추측할 수 있습니다.

샌프란시스코를 출발한 지 두 달도 더 지난 다음에야 드디어 집에 들어서며 감격에 겨운 잭슨에게 그동안 생사고락을 함께한 자동차 〈버몬트〉는 마지막 깜짝 사고를 하나 더 선사했습니다. 여행하는 내내 한 번도 갈지 않은 극소수의 부품 가운데 하나였던 드라이브 체인이 차가 집 마당으로 들어서던 순간에 툭, 하고 끊어져버렸거든요. 정말 끝까지 속을 썩이니 이쯤 되면 웃음이 나올 지경이네요.

　그동안 워낙 고생을 많이 해서 정이 잔뜩 들었는지 잭슨은 〈버몬트〉를 고쳐서 다시 잘 타고 다녔습니다. 얼마나 잘 타고 다녔는지 10월 3일에는 시속 9킬로미터가 넘는 속도로 달렸다는 이유로 속도위반 벌금을 물기도 했습니다(자동차를 타는데 시속 9킬로미터 넘었다고 벌금이라니, 자동차를 탈 이유가 없잖아요?!). 1944년, 잭슨은 정이 듬뿍 들었던 〈버몬트〉를 워싱턴 DC에 있는 스미소니언박물관에 기증했고 지금도 그곳에 전시되어 있습니다.

　사랑스러운 버드는 어떻게 되었냐고요? 잭슨의 집에서 잭슨과 잭슨의 아내 버타와 함께 잘 먹고 잘살았답니다!

각주

주1:Abbott, Frank Frost, *Society and Politics in Ancient Rome Essays and Sketch, Biblo & Tannen Publishers*, 1909, p. 188.

주2:Cape, J., *A Dog at All Things: An Anthology*, 1953, p. 36.

주3:Cape, J., *A Dog at All Things: An Anthology*, 1953, p. 153.

주4:Podberscek, Anthony L., Paul, Elizabeth S., Serpell, James A., *Companion Animals and Us: Exploring the Relationships Between People and Pets*, Cambridge University Press, 2005, p. 29.

주5:Abbott, Frank Frost, *Society and Politics in Ancient Rome Essays and Sketch*, Biblo & Tannen Publishers, 1909, p. 187.

주6:Kete, Kathleen, *The Beast in the Boudoir: Petkeeping in Nineteenth-Century Paris*, University of California Press, 1994, p. 85.

주7:Bloomfield, Andrew, *Call of the Cats*, New World Library, 2016, p. 55.

주8:Russell, Jeffrey Burton, *Witchcraft in the Middle Ages*, Cornell University Press, 1972, p. 131.

주9:Engels, Donald W., *Classical Cats: The Rise and Fall of the Sacred Cat*, Routledge, 2015. Ebook

주10:Darnton, Robert, *The Great Cat Massacre: And Other Episodes in French Cultural History*, Basic Books, 2009, p. 77.

주11:Gordon, Elizabeth Oke, Buckland, William, *The Life and Correspondence of William Buckland, D.D., F.R.S.*, John Murray, 1894, p. 31.

주12:Belozerskaya, Marina, *The Medici Giraffe: And Other Tales of Exotic Animals and Power*, Little, Brown, 2009. Ebook

주13:Belozerskaya, Marina, *The Medici Giraffe: And Other Tales of Exotic Animals and Power*, Little, Brown, 2009. Ebook

주14:Dampier, William, *A New Voyage Round the World*, J. Knapton, 1697, p. 39.

주15:Dampier, William, *A Collection of Voyages vol 3*, J. Knapton, 1729, p. 335.

주16:Boehrer, Bruce Thomas, *Parrot Culture: Our 2500-Year-Long Fascination with the World's Most Talkative Bird*, University of Pennsylvania Press, 2015, p. 1.

주17:Pliny the Elder, *Natural History*, Penguin UK, 2004. Ebook

주18:Robbins, Louise E., *Elephant Slaves and Pampered Parrots: Exotic Animals in Eighteenth-Century Paris*, The Johns Hopkins Press, 2002, p. 129.

주19:Ridley, Glynis, *Clara's Grand Tour: Travels with a Rhinoceros in Eighteenth-century Europe*, Grove Press, 2005, p. 180.

주20:Petersburg Times, *Death of "Bob" the Railway Dog*, 1895년 8월 9일

주21:Petersburg Times, *Death of "Bob" the Railway Dog*, 1895년 8월 9일

주22:Teslar, Nikola, *A Story of Youth Told by Age*, 1939.

참고문헌

Abbott, Frank Frost, *Society and Politics in Ancient Rome Essays and Sketch*, Biblo & Tannen Publishers, 1909.

Belozerskaya, Marina, *The Medici Giraffe: And Other Tales of Exotic Animals and Power*, Little, Brown, 2009.

Bennett, William J., Cribb, John T.E., *The American Patriot's Almanac : Daily Readings on America*, Thomas Nelson, 2013.

Bloomfield, Andrew, *Call of the Cats*, New World Library, 2016.

Boehrer, Bruce Thomas, *Parrot Culture: Our 2500-Year-Long Fascination with the World's Most Talkative Bird*, University of Pennsylvania Press, 2015.

Brooke-Hitching, Edward, *Fox Tossing, Octopus Wrestling and Other Forgotten Sports*, Simon and Schuster, 2015.

Cape, J., *A Dog at All Things: An Anthology*, 1953.

Crocker III, H. W., *The Yanks Are Coming!: A Military History of the United States in World War I*, Regnery Publishing, 2014.

Dampier, William, *A Collection of Voyages vol. 3*, J. Knapton, 1729.

Dampier, William, *A New Voyage Round the World*, J. Knapton, 1697.

Darnton, Robert, *The Great Cat Massacre: And Other Episodes in French Cultural History*, Basic Books, 2009.

DeMello, Margo, *Animals and Society: An Introduction to Human-Animal Studies*, Columbia University Press, 2012.

Duncan, Dayton, Burns, Ken, *Horatio's Drive: America's First Road Trip*, Alfred A. Knopf, 2003.

Endersby, Jim, *A Guinea Pig's History Of Biology: The plants and animals who taught us the facts of life*, Random House, 2012.

Engels, Donald W., *Classical Cats: The rise and fall of the sacred cat*, Routledge, 2015.

Fisher, Jerry M., *The Pacesetter: The Complete Story*, FriesenPress, 2014.

Franklin, Alfred, *La vie priv?e d'autrefois: Arts et m?tiers, modes, m   rs, usages des Parisiens du XVIIe au XVIIIe si?cle, d'apr?s des documents originaux ou in?dits*, E. Plon, Nourrit et cie, 1899.

Fraser, Antonia, *Marie Antoinette*, Hachette UK, 2010.

Girling, Richard, *The Man Who Ate the Zoo*, Random House, 2016.

Gordon, Elizabeth Oke, Buckland, William, *The Life and Correspondence of William Buckland, D.D., F.R.S.*, John Murray, 1894.

Green, Thomas, *Arthuriana: Early Arthurian Tradition and the Origins of the Legend*, The Lindes Press, 2009.

Grigson, Caroline, *Menagerie: The History of Exotic Animals in England, 1100-1837*, Oxford University Press, 2016.

Gruen, Lori, *The Ethics of Captivity*, Oxford University Press, 2014.

Harding, Les, *Elephant Story: Jumbo and P.T. Barnum Under the Big Top*, McFarland, 2000.

Haslip, Joan, *Madame Du Barry: The Wages of Beauty*, Tauris Parke Paperbacks, 2005.

Hawass, Zahi, *The Golden Age of Tutankhamun*, American University in Cairo Press, 2004.

Herzfeld, Chris, *The Great Apes*, Yale University Press, 2017.

Higham, N. J., *King Arthur: Myth-Making and History*, Routledge, 2005.

Hoffmeier, James Karl, *Akhenaten and the Origins of Monotheism*, Oxford University Press, 2015.

Holt, Ben, *Dog Heroes: True Stories of Canine Courage*, Summersdale Publishers LTD-ROW, 2009.

Hribal, Jason, *Fear of the Animal Planet: The Hidden History of Animal Resistance*, AK Press, 2011.

Hughes, Johnson Donald, *The Mediterranean: An Environmental History*, ABC-CLIO, 2005.

Jaynes, M, *Elephants Among Us: Two Performing Elephants in 20th-Century America*, John Hunt Publishing, 2013.

Jenner, Greg, *A Million Years in a Day: A Curious History of Daily Life*, Hachette UK, 2015.

Junot, Laure (Duchesse d brant?s), *Memoirs of Napoleon, His Court and Family*, R. Bentley, 1836.

Kalof, Linda, *A Cultural History of Animals in Antiquity*, Bloomsbury Academic, 2009.

Kaplan, Phillip, *World War Two at Sea: The Last Battleships*, Pen and Sword, 2014.

Kean, Hilda, *The Great Cat and Dog Massacre: The Real Story of World War Two's Unknown Tragedy*, University of Chicago Press, 2017.

Kean, Sam, *The Violinist's Thumb: And Other Lost Tales of Love, War, and Genius, as Written by Our Genetic Code*, Little, Brown, 2012.

Kete, Kathleen, *The Beast in the Boudoir: Petkeeping in Nineteenth-century Paris*, University of California Press, 1994.

Kraybill, Donald B., Hurd, James P., *Horse-and-buggy Mennonites: Hoofbeats of Humility in a Postmodern World*, Penn State Press, 2006.

Lach, Donald F., *Asia in the Making of Europe*, University of Chicago Press, 2010.

Larson, Edward J., *Evolution: The Remarkable History of a Scientific Theory*, Random House Publishing Group, 2006.

Magnusson, Sally, *Life of Pee*, Aurum Press, 2011.

Melrose, Robin, *The Druids and King Arthur: A New View of Early Britain*, McFarland, 2014.

Morrow, Bradford, Hale, Benjamin, *A Menagerie*, Open Road Media, 2014.

Morton, Mary, *Oudry's Painted Menagerie: Portraits of Exotic Animals in Eighteenth-Century Europe*, J. Paul Getty Museum, 2007.

Mulvaney, Kieran, *The Great White Bear: A Natural and Unnatural History of the Polar Bear*, Houghton Mifflin Harcourt, 2011.

Naether, Carl, *The Book Of The Racing Pigeon*, Read Books Ltd, 2013.

Nance, Susan, *Entertaining Elephants: Animal Agency and the Business of the American*

Circus, JHU Press, 2013.

Norell, Mark, Gaffney, Eugene S., Dingus, Lowell, *Discovering Dinosaurs: Evolution, Extinction, and the Lessons of Prehistory*, University of California Press, 2000.

Parker, Olwyn, *The Railway Dog*, Brolga Publishing, 2011.

Pliny the Elder, *Natural History*, Penguin UK, 2004.

Podberscek, Anthony L., Paul, Elizabeth S., Serpell, James A., *Companion Animals and Us: Exploring the Relationships Between People and Pets*, Cambridge University Press, 2005.

Preiss, Richard, Williams, Deanne, *Childhood, Education and the Stage in early modern England*, Cambridge University Press, 2017.

Price, Charles Edwin, *The Day They Hung the Elephant*, The Overmountain Press, 1992.

Prothero, Donald R., *The Story of Life in 25 Fossils: Tales of Intrepid Fossil Hunters and the Wonders of Evolution*, Columbia University Press, 2015.

Ridley, Glynis, *Clara's Grand Tour: Travels with a Rhinoceros in Eighteenth-century Europe*, Grove Press, 2005.

Robbins, Louise E., *Elephant Slaves and Pampered Parrots: Exotic Animals in Eighteenth-Century Paris*, The Johns Hopkins Press, 2002.

Roberts, Andrew, *Napoleon the Great*, Penguin UK, 2016.

Russell, Jeffrey Burton, *Witchcraft in the Middle Ages*, Cornell University Press, 1972.

Samanta, Indranil, Bandyopadhyay, Samiran, *Pet Bird Diseases and Care*, Springer, 2017.

Sharpe, Samuel, *The History of Egypt from the Earliest Times till the Conquest by the Arabs*, Moxon, 1859.

Sommer, Marianne, *Bones and Ochre: The Curious Afterlife of the Red Lady of Paviland*, Harvard University Press, 2007.

Sterling, Christopher H., *Military Communications: From Ancient Times to the 21st Century*, ABC-CLIO, 2008.

Sutherland, John, *Jumbo: The Unauthorised Biography of a Victorian Sensation*, Aurum Press, 2014.

Sykes, Bryan, *Saxons, Vikings, and Celts: The Genetic Roots of Britain and Ireland*, W. W. Norton & Company, 2007.

Tapley-Milton, Katherine, *Devotions with Your Cat*, WestBow Press, 2013.

Teslar, Nikola, *A Story of Youth Told by Age*, 1939.

Tyldesley, Joyce, *Nefertiti: Egypt's Sun Queen*, Penguin UK, 2005.

Van Uhm, Daan P., *The Illegal Wildlife Trade*, Springer, 2016.

Vatsyayana, *The Complete Kama Sutra: The First Unabridged Modern Translation of the Classic Indian Text*, Simon and Schuster, 1993.

Wagner, Joseph E., *The Biology of the Guinea Pig*, Academic Press, 2014.

Waldau, Paul, Patton, Kimberley, *A Communion of Subjects: Animals in Religion, Science, and Ethics*, Columbia University Press, 2009.

Walker-Meikle, Kathleen, *Medieval Pets*, Boydell Press, 2012.

Walker-Meikle, Kathleen, *The Dog Book: Dogs of Historical Distinction*, Bloomsbury Publishing, 2014.

Walsh, J. H., *The Dogs of the British Islands*, Stonehenge, 1867.

White, Richard, *King Arthur In Legend and History*, Routledge, 1998.

Williams, Kate, *Josephine: Desire, Ambition, Napoleon*, Random House, 2013.

Yamamoto, Dorothy, *Guinea Pig*, Reaktion Books, 2015.

Chronicle, *Bob, The Dog Who was the Friend of All, Aunt Dorothy*, 1939년 4월 27일자

Petersburg Times, *Death of "Bob" the Railway Dog*, 1895년 8월 9일자

Southern Argus, *General News*, 1895년 8월 22일자

The Advertiser, *Bob, The Railway Dog*, 1895년 8월 2일자

The Register, *Fifty-two Years Service*, 1924년 2월 27일자

개와 고양이에 관한
작은 세계사

지은이 _ 이주은
펴낸이 _ 강인수
펴낸곳 _ 도서출판 **파피에**

초판 1쇄 발행 _ 2019년 8월 8일

등록 _ 2001년 6월 25일 (제2012-000021호)
주소 _ 서울시 마포구 서교동 487 (209호)
전화 _ 02-733-8668
팩스 _ 02-732-8260
이메일 _ papier-pub@hanmail.net

ISBN 978-89-85901-88-8 03900

· 잘못 만들어진 책은 바꾸어 드립니다.
· 값은 뒤표지에 있습니다.

ⓒ 이주은, 2019

이 책은 신저작권법에 의하여 보호를 받는 저작물이므로 무단전재와 무단복제, 광전자 매체 수록 등을 금하며, 이 책 내용의 전부 또는 일부를 이용하려면 반드시 저작권자와 파피에 출판사의 서면 동의를 받아야 합니다.